絶品・日本の歴史建築

［東日本編］

磯 達雄
宮沢 洋

日経プレミアシリーズ

はじめに

２０２１年に入っても、海外に自由に行ける日はまだ見えづらい状況だ。コロナ禍には一刻も早く終息してほしいが、「日本の建築」に目を向けるにはとても良い機会であるとも思う。ここ数年、日本の観光地は外国人観光客であふれ、日本人には居場所がない感じがあった。しばらくは、ゆっくり国内の建築を見て回ることができるだろう。

＊＊＊

文章担当の磯達雄と、イラスト担当の宮沢洋が日本にある歴史的建造物（歴史建築）を実際に訪れ、特に心を動かされた約60件をリポートしたのが『絶品・日本の歴史建築』である。先行して発刊した［西日本編］（29件）と、本書［東日本編］（30件）の2巻から成る。

単行本版（タイトルは『旅行が楽しくなる日本遺産巡礼』）を発刊したのは、２０１４年。その前書きはこんなふうに始まる。「世界遺産が注目を集めている。世界遺産に登録された施設には確かにため息が出るような絶品が多いが、海外からお墨付きをもらって初めて訪れるというのは、日本人としては少し寂しい。国内には、世界遺産の登録・申請中の有無にかかわらず、必見の歴史遺産がたくさんある」

当時はメディアがやたらと「世界遺産」をあおっていた頃で、観光振興にはそれも必要と思いつつも、「日本にはそんなお墨付きとは関係なく、いい建築がもっともっとある！」というのが当時の我々の思いだった。そして今、海外旅行にはなかなか行きにくい状況となり、「旅に出たい」という思いが限界まで高まっている人が多いに違いない。でも日本国内で何を見ればいいの？　やっぱり世界遺産に登録された神社仏閣？　もっと幅広く見てみたいけれど、歴史建築の知識はないし……。そんな人に、この本はうってつけだと思う。

＊＊＊

実は我々2人も、現代建築には多少の専門知識はあったものの、江戸時代以前の歴史建築に関しては素人同然だった。共著者の2人が何者かを少しだけ説明させていただくと、文章担当の磯達雄は現代の建築物を中心に取材・執筆を行っている建築ライター。イラスト担当の宮沢（私）は執筆当時、イラストレーターではなく、本業は建築専門誌『日経アーキテクチュア』の編集者。文とイラストの2人組で戦後の建築物を巡る「建築巡礼」という連載を始めたのが2005年のことだ。

連載が6年ほど続いて、「戦前の古い建築も巡ってみよう」と、対象を歴史建築に変えたのが2011年～14年だった。本書の記事は、その連載がベースになっている。繰り返しになるが、我々2人に歴史建築の知識はほとんどなく、宮沢にいたっては「法隆寺」の形もイメージできないくらいのレベルだった。

しかし、予備知識がないゆえ、それぞれの建築での感動が新鮮だった。見た後に文献を調べて「そうだったのか！」と気づくのもまた面白かった。そして、今、新書をつくるために読み返すと、そうした感動が全くあせずによみがえる。コロナによる変化なんて、悠久の歴史から見ればちっぽけなものさ、と言われているようだ。

旅行の計画を練る前に、あるいは「いつか行きたい旅」のために、本書をぱらぱらとめくってみてほしい。きっとこれまでの旅とは違う楽しみが発見できるはずだ。

2021年2月

宮沢 洋（Office Bunga 共同主宰、単行本版発刊時は日経アーキテクチュア副編集長）

目次

はじめに 3
東日本30選全図 10
本書の読み方 12

Part. 1 関東

13

01 じっくりと見たい 東京駅丸の内駅舎 ◆東京都千代田区／大正3年 14
02 じっくりと見たい 日本銀行本店本館 ◆東京都中央区／明治29年 24
03 じっくりと見たい 迎賓館赤坂離宮 ◆東京都港区／明治42年 32
04 じっくりと見たい 旧岩崎久彌邸 ◆東京都台東区／明治29年ごろ 42
05 ちらりとでも見たい 円覚寺舎利殿 ◆神奈川県鎌倉市／室町時代中期 50
06 ちらりとでも見たい 三溪園聴秋閣 ◆横浜市／江戸時代前期 52
07 ちらりとでも見たい 成田山新勝寺三重塔 ◆千葉県成田市／江戸時代中期 54

08 ちらりとでも見たい 笠森寺観音堂◆千葉県長南町／安土桃山時代 56
09 じっくりと見たい 日光東照宮◆栃木県日光市／江戸時代前期 58
10 じっくりと見たい 富岡製糸場◆群馬県富岡市／明治5年 66
column 辰野金吾 質実剛健の「辰野堅固」 74

Part. 2 北海道 75

11 じっくりと見たい 五稜郭◆函館市／江戸時代末期 76
12 じっくりと見たい 手宮機関車庫◆小樽市／明治18年 84
13 ちらりとでも見たい 日本銀行旧小樽支店◆小樽市／明治45年 92
14 ちらりとでも見たい 旧函館区公会堂◆函館市／明治43年 94
15 じっくりと見たい 旧網走監獄 舎房及び中央見張所◆網走市／明治45年 96
column ブルーノ・タウト 若き日はサイケ志向 104

Part.
3
東北

105

16 ちらりとでも見たい 三内丸山遺跡 ◆ 青森市／縄文時代前期〜中期 106

17 じっくりと見たい 大湯環状列石 ◆ 秋田県鹿角市／縄文時代後期 108

18 じっくりと見たい 中尊寺金色堂 ◆ 岩手県平泉町／平安時代後期 116

19 じっくりと見たい 会津さざえ堂（円通三匝堂） ◆ 福島県会津若松市／江戸時代後期 124

20 じっくりと見たい 旧済生館本館（現・山形市郷土館） ◆ 山形市／明治11年 132

21 じっくりと見たい 斜陽館（旧津島家住宅） ◆ 青森県五所川原市／明治40年 140

column 片山東熊 傷心の〝花形満〟 148

Part.
4
中部

149

22 じっくりと見たい 伊勢神宮 ◆ 三重県伊勢市／690年に第1回遷宮 150

23 ちらりとでも見たい 安楽寺八角三重塔◆長野県上田市／鎌倉時代後期 158
24 じっくりと見たい 松本城◆長野県松本市／安土桃山時代 160
25 ちらりとでも見たい 犬山城◆愛知県犬山市／安土桃山時代 168
26 じっくりと見たい 如庵◆愛知県犬山市／江戸時代前期 170
27 じっくりと見たい 白川郷の合掌集落◆岐阜県白川村／江戸時代中期〜 178
28 ちらりとでも見たい 岡太神社・大瀧神社◆福井県越前市／江戸時代末期 186
29 ちらりとでも見たい 旧開智学校◆長野県松本市／明治9年 188
30 ちらりとでも見たい 六華苑◆三重県桑名市／大正2年 190
歴史建築を10倍楽しむ！ キーワード図解 192
日本建築史年表 200
あとがき1 時代を超えた思考実験 208
あとがき2 ネット時代の新たな楽しみ 211
仰天歴史建築ベスト5〈東日本編〉 213

じっくりと見たい は6〜10ページ、
ちらりとでも見たい は2ページの記事です。

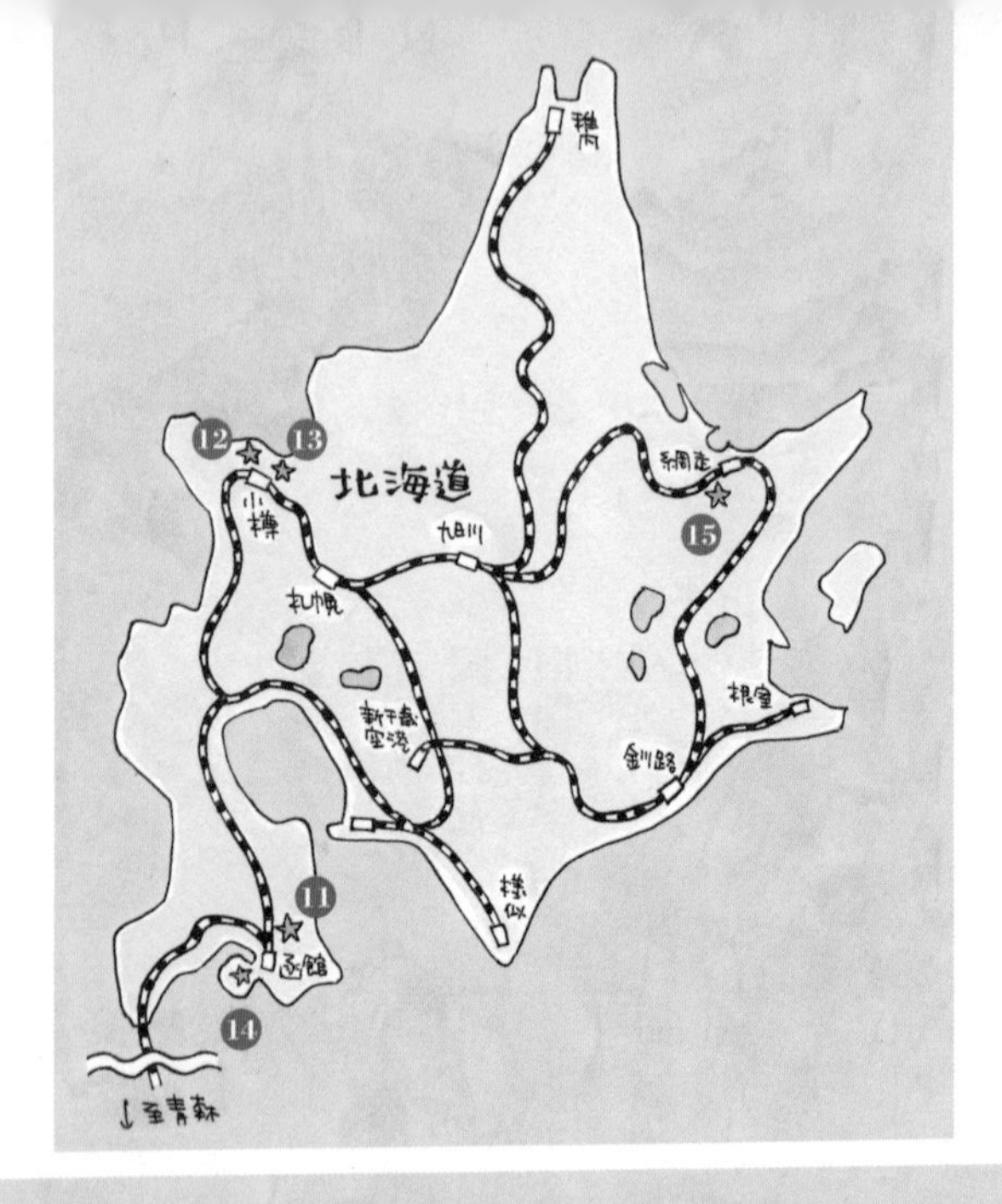

稚内
北海道
網走
小樽
旭川
札幌
新千歳空港
根室
釧路
様似
函館
至青森
11
12
13
14
15

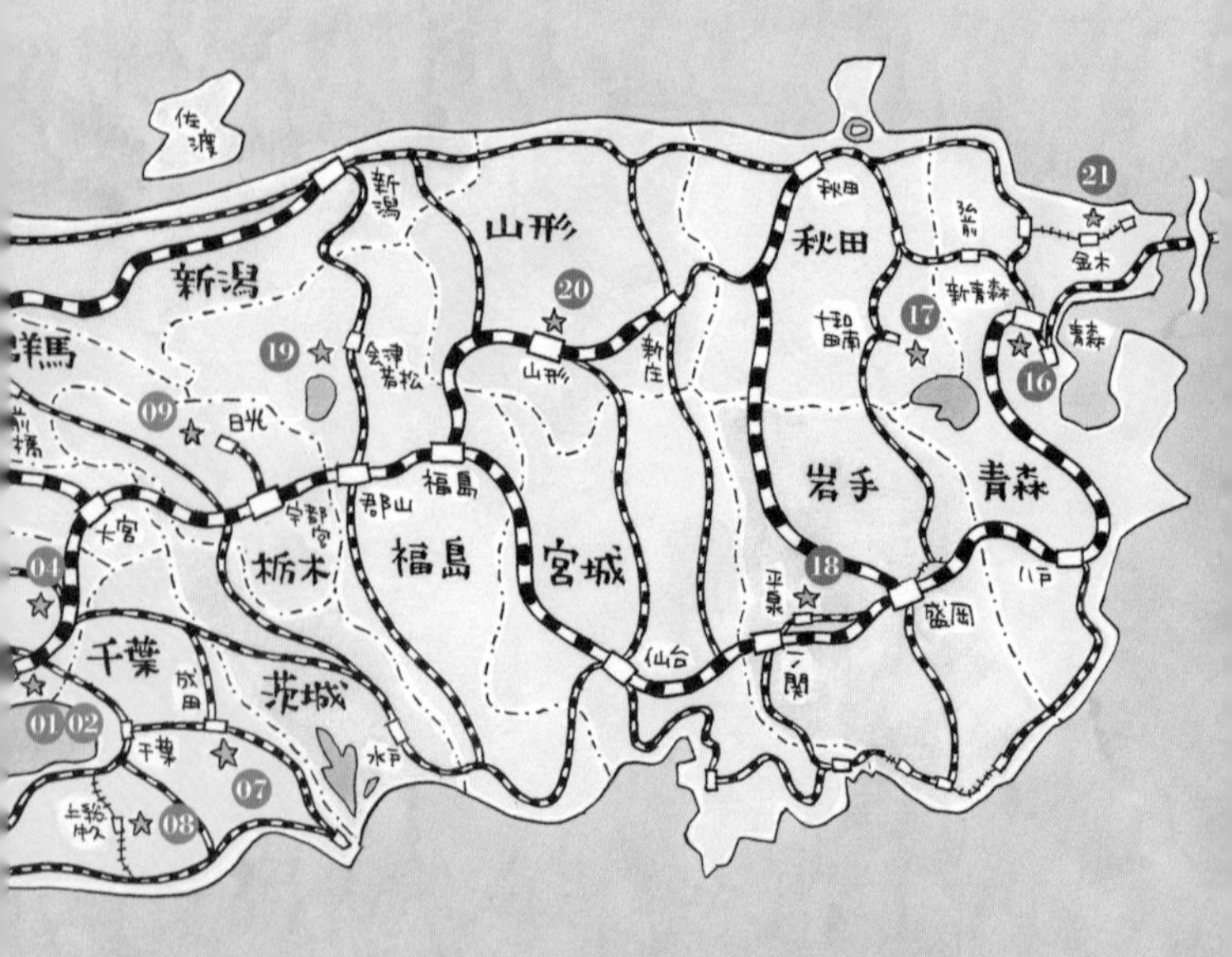

佐渡
新潟
山形
秋田
弘前
金木
新青森
青森
十和田南
新庄
会津若松
日光
群馬
前橋
大宮
宇都宮
郡山
福島
栃木
宮城
岩手
平泉
盛岡
八戸
一ノ関
仙台
千葉
成田
茨城
水戸
01
02
04
07
08
09
16
17
18
19
20
21

東日本30選全図

※巡礼地のおよその位置を示すもので、方位や距離は正確ではない。
また、目的地への移動に関係の薄い路線は省略した

01 東京駅丸の内駅舎 ▶ P14
02 日本銀行本店本館 ▶ P24
03 迎賓館赤坂離宮 ▶ P32
04 旧岩崎久彌邸 ▶ P42
05 円覚寺舎利殿 ▶ P50
06 三溪園聴秋閣 ▶ P52
07 成田山新勝寺三重塔 ▶ P54
08 笠森寺観音堂 ▶ P56
09 日光東照宮 ▶ P58
10 富岡製糸場 ▶ P66
11 五稜郭 ▶ P76
12 手宮機関車庫 ▶ P84
13 日本銀行旧小樽支店 ▶ P92
14 旧函館区公会堂 ▶ P94
15 旧網走監獄 ▶ P96
16 三内丸山遺跡 ▶ P106
17 大湯環状列石 ▶ P108
18 中尊寺金色堂 ▶ P116
19 会津さざえ堂 ▶ P124
20 旧済生館本館 ▶ P132
21 斜陽館 ▶ P140
22 伊勢神宮 ▶ P150
23 安楽寺八角三重塔 ▶ P158
24 松本城 ▶ P160
25 犬山城 ▶ P168
26 如庵 ▶ P170
27 白川郷の合掌集落 ▶ P178
28 岡太神社・大瀧神社 ▶ P186
29 旧開智学校 ▶ P188
30 六華苑 ▶ P190

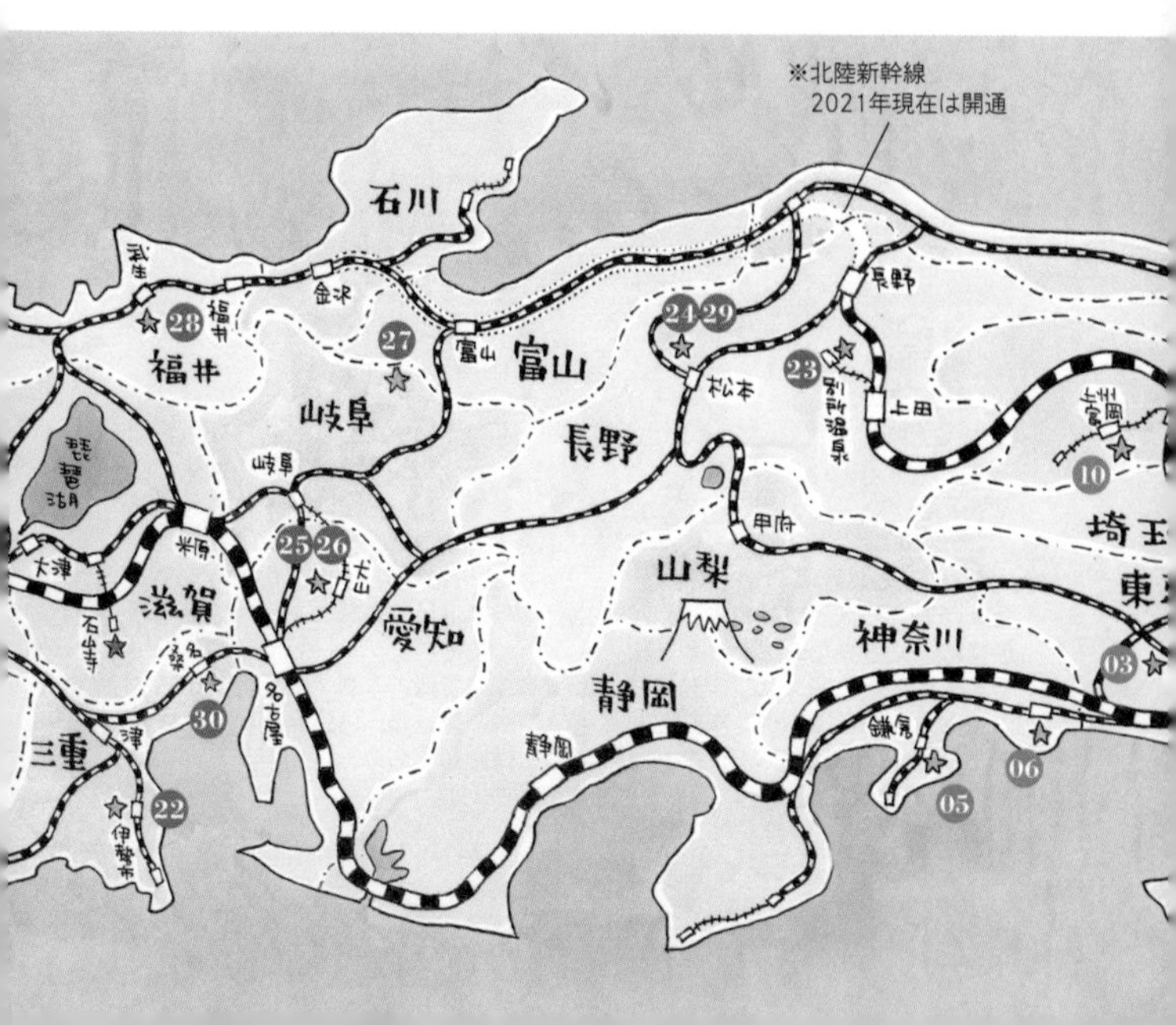

本書の読み方

歴史建築の選び方

●磯達雄、宮沢洋が実際に現地を訪れて、「行ってみないとその良さが分からない」と感じた歴史建築を計59件選んだ（公的機関が選定したものではない）。その59件を東日本、西日本それぞれ30件、29件に分けて収録した。西日本編の29件については2020年10月刊行の『絶品・日本の歴史建築［西日本編］』（日経プレミアシリーズ）に掲載している。

●半数ずつに分ける都合上、福井県と三重県は東日本に含めた。

年代の分け方

●本書では紀元前から1914年（大正3年）までにつくられた歴史建築を取り上げた。1914年を区切りとしたのは、書籍化した年の2014年からみてちょうど100年前となるため。

●各記事では、主となる建物のおよその建設時期が分かるようにした。7つの区分は以下のとおり。

先史～飛鳥	紀元前～709年まで
奈良	710～793年
平安	794～1184年
鎌倉	1185～1332年
室町～安土桃山	1333～1614年
江戸	1615～1867年
明治～大正3年	1868～1914年

※文化庁の建立年代区分に準拠した

●掲載順を決める際の建設年は、我々が着目した「建築の形式」が最初につくられたのはいつかを判断基準とした。例えば、伊勢神宮の正殿は、2013年の式年遷宮で建て替えられている。本書では「先史」の位置に置いている。

概要データの見方

営 ¥ 営業時間や休館日、入館料は原則的に2021年1月時点の情報。新型コロナウイルスの影響で確認できない施設もあり、現地を訪れる前には、公式ホームページなどで必ずご確認いただきたい。

📷 現地で写真を撮る際に参考となる建物の向きなどを記した。「撮影不可」と書いていないものも、それぞれの施設が撮影可であると公式に発表しているわけではない。私的利用のために撮影することを容認しているケースが多いので、ブログやツイッターなどに載せてよいかは、当該施設にご確認いただきたい。

執筆の分担

●「じっくりと見たい」で取り上げた施設の長文は、磯達雄が執筆した。「じっくりと見たい」の記事は、イラストも含め基本的に、日経アーキテクチュア連載「建築巡礼」の原稿(2011年9月10日号～14年12月10日号に掲載）を加筆修正したもの。

●人物コラムは磯達雄が新たに執筆した。

●「じっくりと見たい」「ちらりとでも見たい」のいずれも、記事冒頭ページの説明文は宮沢洋が新たに執筆した。

●イラストはすべて宮沢洋が担当した。「ちらりとでも見たい」のイラストは、本書のために描き下ろしたもの。

●記事冒頭の写真で特記のないものは、磯達雄、宮沢洋のいずれかが撮影したもの。

Part. 1

関東

南西側から見た外観

大正時代

じっくりと見たい

東京駅丸の内駅舎

東京都千代田区
大正３年

辰野金吾の設計により
１９１４年に竣工した鉄骨レンガ造駅舎。
関東大震災でも大きな被害は受けなかったが、
１９４５年の空襲で外壁、屋根、内装が損壊。
戦後、３階建てを2階建てとする
応急的な復興工事が行われた。
２００３年に国の重要文化財に指定。
２０１２年に元の３階建てに復元された。

01

国技としての建築様式

ガイドに案内されながら観光客のグループがカメラを建物に向ける。観光客はドームの中に入ると、足早に改札を抜けようとするビジネスパーソンに交じって、飽かずに天井の装飾を眺めている。２０１２年に改修を終えた東京駅の丸の内駅舎（赤レンガ駅舎）では、そんな光景が日常的に見られるようになった。

乗車人数も増えた。改修前まではＪＲ東日本エリアの駅でランキング5位だったが、改修

指定 重要文化財
建設時期 1914年（大正3年）
設計者 辰野金吾

始発から終電まで
改札内は入場券140円
正面外観は西向き。
新丸ビルやKITTEの屋上庭園からもよく見える
東京都千代田区丸の内1
JR東京駅内の西側（皇居方面）

翌年には、新宿、池袋に次ぐ3位にまで上昇した。

改修の見せ場は、何と言っても戦災で失われたドーム屋根の復元だ。実は工事が行われる前までは、屋根はそのままでもいいのでは、と思っていた。自分にとってはあれこそが見慣れた東京駅だったし、開業当初のオリジナル・デザインよりも仮設屋根の状態の方が、期間として2倍以上も長くなっていた。これはこれで歴史的な価値があるはずだ。しかし現在、このように多くの人が建物に注目している様子を見ると、復元は大成功だったといえる。

それに、よく見ていくと、単純に創建時に戻したわけではないことも分かる。基本方針としては、当初の状態のまま残っている箇所は保存し、戦災で失われた箇所は復元を行う。レンガの外壁は2階部までが保存で、3階部は復元だ。ただし、ファサードの中央南寄りにある換気塔のように、戦前に増築されていた部分をあえて残した箇所もある。

また南北のドーム内部では、3階以上の仕上げやレリーフは当初の状態に復元したが、1～2階は現在の駅に求められる機能を満たすべく、新しくデザインし直している。構造上の要求から太くせざるをえなかった柱は、フルーティング（縦溝）を模したデザインを踏襲。柱頭部にはかつてと同じような装飾を付けながらも、改修年を意味する「ＡＤ２０１２」を

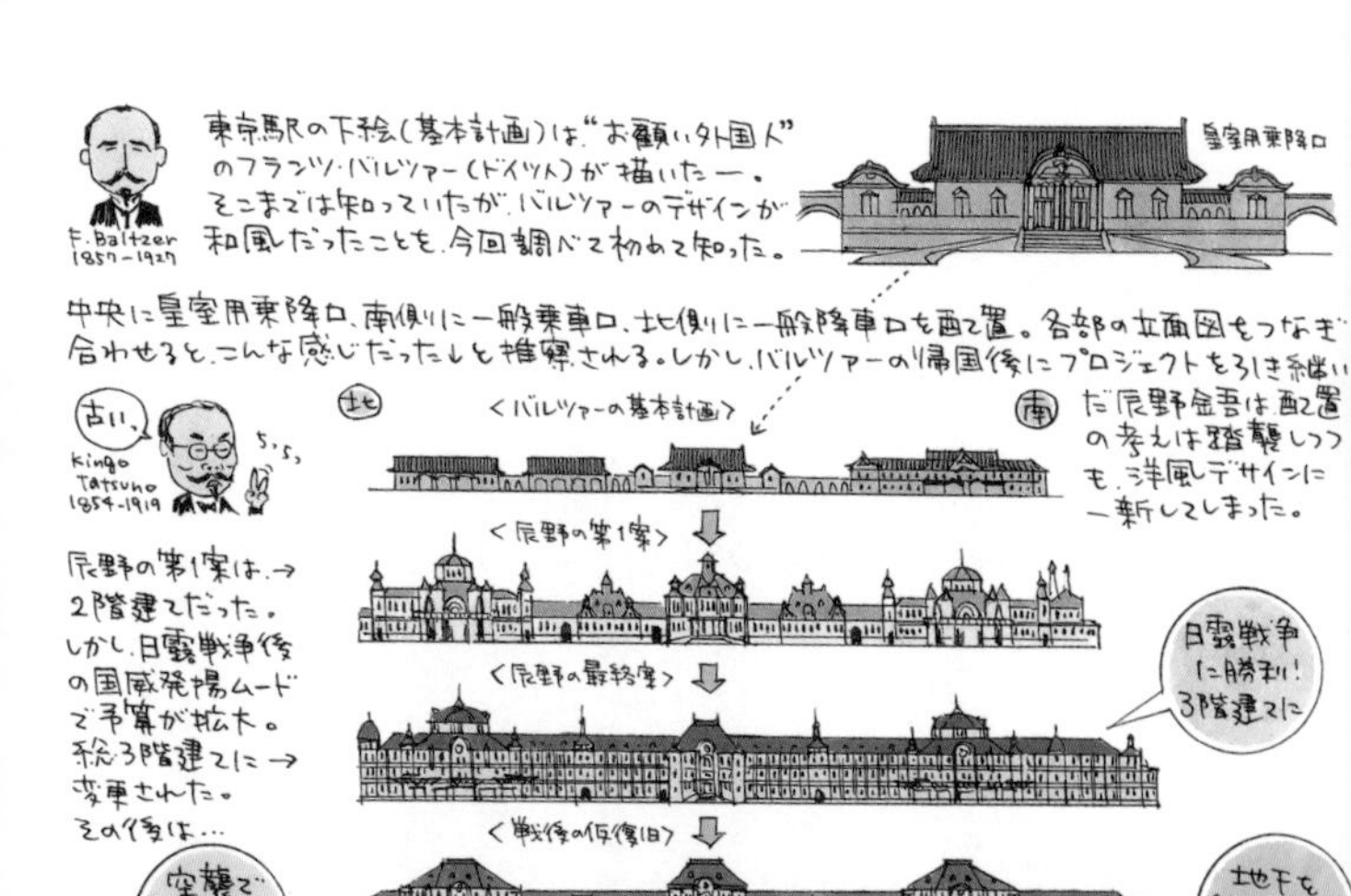

愛される理由その1: 東京駅は「維新後の日本」の映し鏡である。

刻印することで、新しいデザインであることを明示した。そして床面には、戦後復興で設けたローマのパンテオンを模したドーム天井の見え方を、石張りのパターンに置き換えて用いている。

過去から現在に至る100年間、そのすべての時代へのリスペクトがこの改修には感じられる。建築保存の方法として、1つの見本となる態度だ。

◆なぜ東京駅が横綱の土俵入りに目立てられるか

東京駅の設計は、もともとドイツの鉄道技師であるフランツ・バルツァーによって進められていた。この案は、千鳥破風の屋根が架かった和風の建物が、バラバラと並んでいるというものだった。

その後、設計者として呼ばれたのが辰野金吾である。日本銀行本店などを設計したほか、大学教授として多くの建築家を育てる役も負った。明治の建築界における最大のリーダーだ。

辰野はバルツァーの案を1つの長い棟にまとめ、和風を排したデザインに改めた。デザインは英国建築の流れに位置付けられるクイーン・アン様式。古典様式のスタイルを自由に組筆者（宮沢）は、戦後の仮の姿もけっこう好きだった。

←直線で構成した潔い勾配屋根。

パンテオン（ローマ）を模したと思われるドーム天井。終戦の2年後にこのデザインは立派。

実は復元が決定するまで、建て替えの話が何度も浮上した。残ってよかったなぁ…。

←なかでも有名な十河構想（1958年）。十河信二・国鉄総裁が打ち出した高層化案。

何度もの危機を乗り越え、東京駅が復元に至ったのは、そのデザインが一般の人に愛されているからであることは間違いない。では、なぜ日本人は、この“赤と白のシマシマ”にひかれるのだろうか？

辰野は、多くの銀行のほか、東京駅に先行して完成した万世橋停車場（1911年、下図）や、新橋駅（1914年）でも赤白縞模様を採用した。そもそも英国留学中の手紙で既に、このスタイルが「日本人にふさわしい」と書いている。何を根拠にそう思った？

万世橋停車場

江戸以前の文化で縞模様が使われているものを考えてみたが、全く思いつかない。別の記事を書くために三内丸山遺跡の資料を見ていて、「あっ」と思った。

縄文土器は縞模様だ！しかも、縁の形が東京駅っぽいような…。

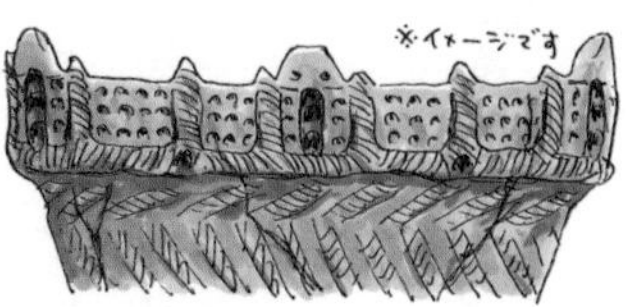

愛される理由その2：東京駅は日本人のDNAだ！

み合わせて使っている。

外観を特徴付けているのは、赤レンガと白い大理石によって構成された紅白のストライプ模様だ。日本銀行京都支店（1906年、現・京都文化博物館）、旧盛岡銀行本店（1911年）など、辰野の他の作品にも多く見られる手法で、「辰野式」とも呼ばれる。

ところで建築史家の藤森照信は、著書『建築探偵の冒険〈東京篇〉』（1986年、筑摩書房）のなかで、東京駅の建物を横綱の土俵入りに見立てている。ドーム屋根は大銀杏（おおいちょう）（関取の髪形）のようだとも。

そんな連想をしたくなるのは、辰野が大の相撲好きだったからだ。自宅には土俵があり、息子を相撲部屋に入れて相撲取りにならせようともした。そして国技館（1909年）も設計している。これは巨大なドーム屋根の建物だったが、1917年に火災で焼失した（その後、再建されるも現存せず）。

◆新しい〝日本の様式〟を示す建築

辰野の国技館を調べていて分かったのは、相撲は明治時代、まだ国技としては認められていなかったということ。初めて相撲の常設会場が完成し、その名前がいくつかの候補のなかから「国技館」に決まる。それによって相撲は国のスポーツというイメージが定着したのである。

考えを巡らすと、東京駅の建設によっても、これと似たことが行われたといえる。ススキが揺れる野原に停車場をつくり、「東京」駅と名付けることで、そこが東京の玄関であり、日本の中心であることが印象付けられた。

そして辰野は、建築様式においても同様のことを目指したとはいえまいか。建物をつくることによって、〝日本の様式〟を示すこと。それは決して、伝統的な和風の流用ではなしえない。過去の様式を持ち出しても、新しい近代日本にはそぐわないのだ。だからこそ、バルツァーの案は否定しなければならなかった。

辰野には奈良ホテル（1909年）など、和風を採り入れた作品もあるが、それはもっぱらリゾート施設に限られる。公共的な建物は赤レンガの「辰野式」にこだわった。

日本では現在、赤レンガの建築が近代建築の同義語のようにも使われている。辰野による〝日本の様式〟のもくろみは、確かに成功したといえるだろう。

6. 黒こげ木レンガ

東京ステーションギャラリーでは、当初のレンガ壁も2階展示室や階段室で見ることができる。黒いチェック柄のような部分は仕上げ材を留めていた木レンガ。空襲でこげたもの。

7. レンガ壁の凹み

レンガ壁もよく見ると、あちこちに不思議な形の凹みがある。これは、もともと壁に埋め込まれていた配管などの跡。

案内してくれたジェイアール東日本建築設計事務所の清水正人さん。

8. 屋根裏活用

東京ステーションホテルには、当初なかった屋根裏空間がつくられた。その代表が中央部の宿泊者用ラウンジ。→

東側屋根

正面からは分からないが、東側の勾配屋根はガラス張りになっていて、とても明るい。

10. 3階に戻った柱頭装飾

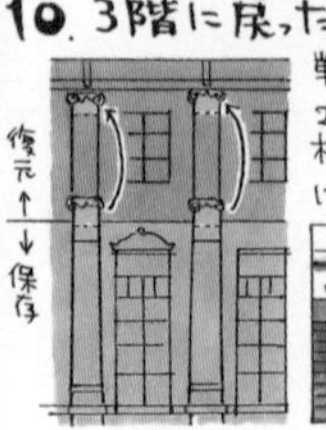

戦後の仮復旧で2階に下げられていた柱頭装飾は、3階に戻された。ヨカッタネ。

9. ドーム内を見下ろせるホテル客室

リニューアル前から人気が高かった、ドームに面した客室は健在。真夜中には薄明かりに浮かぶドーム内が見下ろせるという。ああ、こんな部屋で、川端康成のように原稿を書いてみたい！

人に話したくなる東京駅 10のトリビア

1. 秀吉の兜（かぶと）

ドーム上部のアーチ部分のキーストーンは、豊臣秀吉の兜がモチーフ。

↑リアル秀吉兜

2. 干支（えと）のレリーフ（8支）

アーチとアーチの間にある円形のレリーフは、干支の動物たち。ただし、八角形なので8匹（下図の黄色部）。ちなみに、ここにいない卯・午・酉・子は、辰野が同時期に設計した武雄温泉楼門（1915年）の天井に付いている。

寅

辰

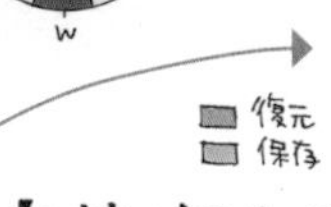

3. 月の満ち欠け

2.の干支は有名だが、これを知っていると、かなりのツウ。3階テラス下に8種の月のシルエット。

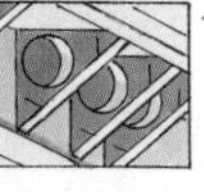

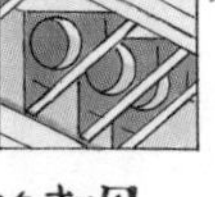

4. 床に旧天井を転写

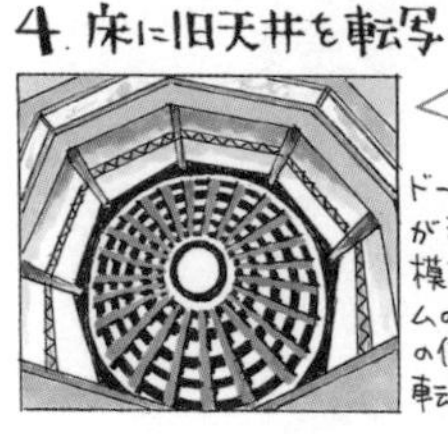

ドームの床に広がる放射状の模様は、旧ドームの天井（戦後の仮復旧）を転写したもの。

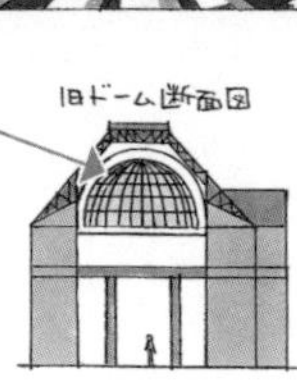

5. 柱は銀ではなかった

銀色に輝く柱を見ると「辰野って大胆だったんだなぁ」と思ってしまうが、そうではない。3階の床より下の部分は、2012年の復元時の新デザイン。もともとは、薄緑色だった可能性が高い。

復元時の変更である記録として、柱頭部に「AD MMXII（2012）」の刻印。

南から見た本館（旧館）。背後の10階建てビルは1973年に完成した新館

明治時代

じっくりと見たい

日本銀行本店本館

02

東京都中央区
明治29年

日本銀行の開業時（１８８２年）の店舗は、ジョサイア・コンドルが設計した旧・北海道開拓使物産売捌所の建物だった。この建物は手狭で、開業翌年には早くも移転が決定。コンドルの教え子の辰野金吾が設計者に抜てきされた。辰野は１８８８年から約１年間、欧米各国の中央銀行を視察。完成したのは、移転決定から10年以上たった１８９６年だった。

鏡の国の建築家

日本の紙幣に描かれた建築を挙げなさい。そんな問題が出されたら、答えられるだろうか。

現在では、たまに手にする2000円札で沖縄の守礼門を見るくらいだが、古い紙幣では国会議事堂、法隆寺、靖国神社、八紘一宇（はっこういちう）の塔などが図柄として使われていた。そしてもちろん今回、取り上げる日本銀行本店も旧1000円札、旧5000円札など、幾度か採用されている。

指定　重要文化財
建設時期　1896年（明治29年）
設計者　辰野金吾

予約者のみ月～金曜に公開。
祝日、年末年始（12月29日～1月4日）を除く。
見学希望者は1週間前までに
日本銀行情報サービス局に電話予約（03-3277-2815）
無料
正面は南向き。内部撮影は不可
東京都中央区日本橋本石町2-1-1
東京メトロ・三越前駅から徒歩1分、JR東京駅から徒歩8分

敷地は東京駅の北側、日本橋川に架かる常盤橋の斜め向かいだ。ここは江戸時代には金座があった場所で、もともと多くの金融機関が集まっていたという。

建物は1階に営業場、2階に役員室、3階に一般執務室を収め、地下には金庫があった。

外からは石造建築に見えるが、外側に石、内側にレンガを積んだ混構造で、石とレンガは鉄の棒で緊結されている。工事期間中に濃尾地震があったため設計変更を行い、2階以上の壁ではレンガを主構造にして、外側の石を薄くすることで耐震性を向上させたという。

平面は左右対称形で、左右とも手前に翼棟を延ばしている。よく言われるのが、上から見ると「円」の字になっているというトリビアだ。

そのちょうど中心部に正面玄関がある。コリント式のペア・コラム（二柱で一対の柱）がペディメントを支え、その上にはドームが載る。堂々としたものだ。

しかしそれは地上レベルでは外から拝むことができない。なぜなら、左右翼棟の先端をつないだ門が視界を遮っているからだ。せっかくの立派なファサードを、塀で隠すようなデザインをどうして採ったのだろうか。

日本銀行本店(1896年)を皮切りに、数多くの日本銀行の支店も設計した辰野金吾。

工部大学校造家学科第1期生・首席卒業!

辰野金吾

1854－1919

大阪支店、京都支店、小樽支店など、現存する建物のいくつかは形がイメージできるが、筆者(東京在住)には一番身近であるはずの本店だけがなぜか思い出せない。

日本の建築家の原点である辰野金吾の原点。これはちゃんと見なくちゃ、ということで取材交渉すると、「通常の見学コースの範囲内ならば」との条件で撮影許可が出た。いざ日銀。

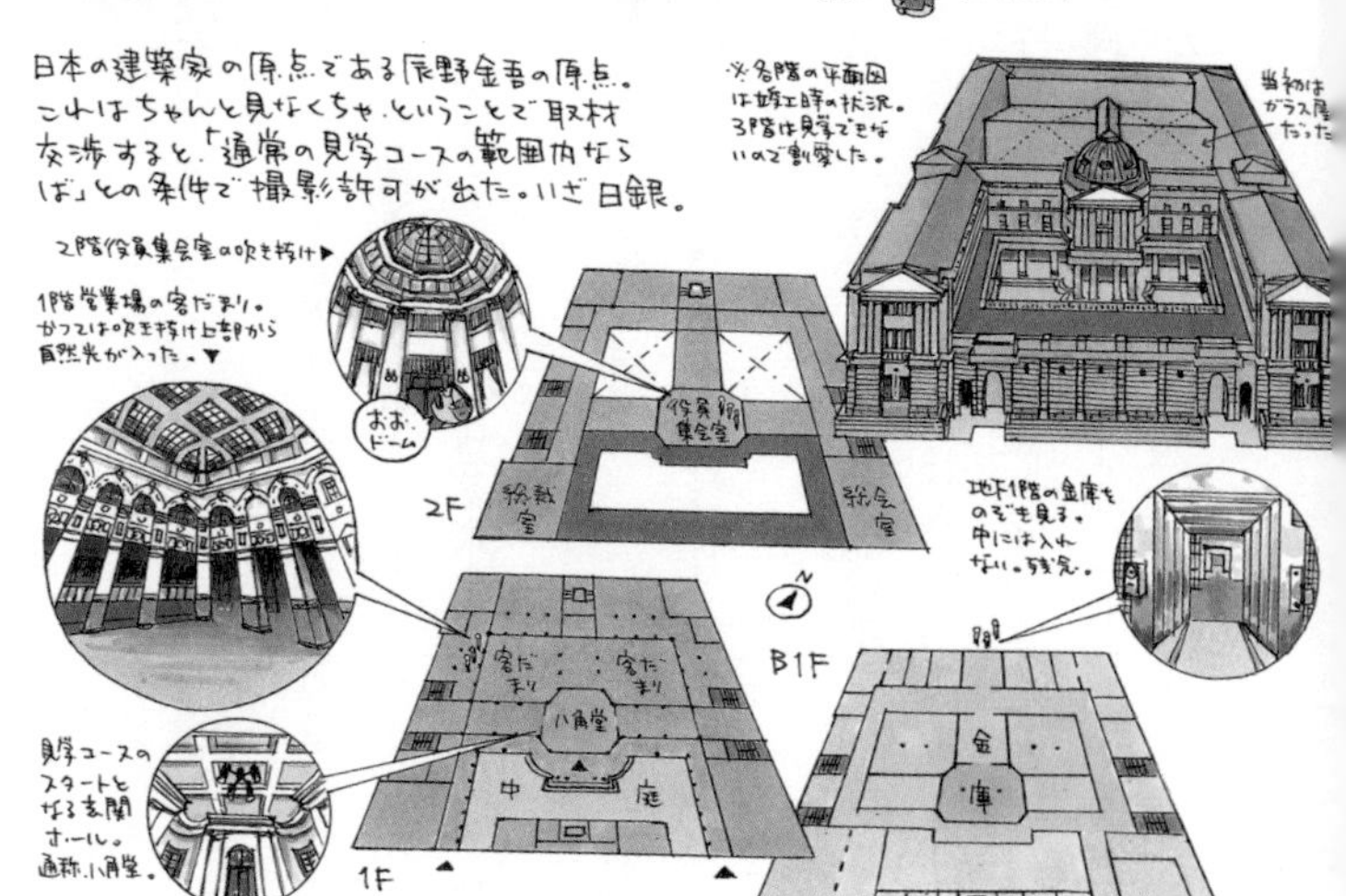

◆銀行建築家の先駆け、辰野金吾

設計したのは辰野金吾である。後に東京大学工学部建築学科となる工部大学校造家学科の第1期生で、同級生の片山東熊や曾禰達蔵を押さえて首席で卒業。英国に留学して帰国すると、工部大学校の教授に就く。後進となる幾多の建築家を育てたほか、建築学会の会長も長く務めた。

また、建築家として東京駅（1914年、14ページ）などの名建築を設計。教授職を辞した後、日本人では初となる民間設計事務所を開いた。日本近代建築の父とも呼ばれる由縁だ。

辰野が日本銀行本店の設計依頼を受けたのは、まだ30代半ばの頃。これをはじめとして、辰野は銀行店舗の設計を数多く手掛けた。日本銀行大阪支店（1903年）、日本銀行京都支店（現・京都文化博物館、1906年）、第一銀行神戸支店（現・神戸市営地下鉄みなと元町駅、1908年）、旧盛岡銀行本店（1911年）、日本銀行小樽支店（現・金融資料館、1912年、92ページ）などである。

建築的に面白いのは中庭だ。

列柱とバルコニーで囲まれた宮殿風のゴージャス空間。ここはかつて「車寄せ」ならぬ「馬車寄せ」のスペースだったという。

ちなみに、この日本銀行本館。完成から4年後の1900年に100円札の図柄となった。このとき辰野46歳。うれしかっただろうなぁ。

男泣きっ

お札の図柄から消えた今、この建物の形をイメージできる人は少ないだろう。

なぜならこの建物、正面側の壁が高くて、特徴的な部分のデザインがほとんど見えない。しかも、中心軸上に入り口がなく、左右にひっそりとゲートが配置されている。辰野はなぜ、あえて"見せ場を消す"デザインにしたのか？ 壁の上からチラリと見えるドーム屋根を見て、「あ、そうか」と気付いた。

神社の頂点
ISE JINGU

この"見えそうで見えない感"はまさに伊勢神宮の正殿！ 5重の垣で正殿を取り巻いて神秘性を創出した伊勢神宮のように、辰野は中心部を示すドームをあえて壁で囲んで、日本銀行の神々しさを表現したのだ。(タタ分)

その後の日本建築界では、前川國男の日本相互銀行、磯崎新の福岡相互銀行、宮脇檀の秋田相互銀行、菊竹清訓の京都信用金庫など、銀行店舗を続けて設計し、成長していくキャリア・パターンがあるが、辰野はこうした建築家の先駆けとも言えるだろう。名前からして金吾＝KINGOは、GINKO（＝銀行）のアナグラムだから、運命的なものも感じるが。

◆入れ子状の建築構造と『鏡の国のアリス』

さて、最初の疑問に戻ろう。日本銀行本店の正面を隠すような塀はなぜ建てられたのか。設計に先駆けて辰野はヨーロッパを視察旅行し、特にベルギー中央銀行を綿密に調査して参考にしたというが、その建物でもこうした構成は採っていないのだ。辰野独自の何かしらの意図が込められているはずである。

まず考えられるのは防御能力を高めるという狙いだ。金庫に収められている貨幣が収奪されないよう守ることが、見た目の格好良さよりも優先された。これはこれで大いにありうる見方である。しかし、もう1つの説も考えてみたい。

正面の門から入ると、そこは内部ではなく中庭という外部である。玄関から中に入ると営業場で、天井が高く、当初は自然光が差し込む半屋外空間であった。銀行の執務空間はさらにその奥に。つまりこの建物は、ハコの中にまたハコがあるような入れ子状の構造を採っている。正門側を塀のように閉じて、一番外側のハコをつくったというわけだ。

これを示唆しているのが、正面玄関や翼棟のファサードで、大きなオーダーの内側に小さなオーダーがある二重の構えになっている。

そしてこの銀行が描かれた紙幣が金庫に収められたとき、この関係は比喩的に完成する。建物の中に建物があるという入れ子が、どこまでも連鎖することになるのだ。

こうした構想を辰野が持っていたという証拠はない。しかし、もしやと思うのは、辰野が留学していた時期に、英国ではルイス・キャロルが『鏡の国のアリス』(1871年、邦訳はちくま文庫ほか)を既に発表していたからだ。

「アリスの夢の中の赤の王様がアリスの夢を見ている…いいえ、アリスの夢の中の赤の王様の夢の中のアリスが赤の王様の夢を見ている……」(柳瀬尚紀訳)

そんな無限に続く入れ子状の物語に、若き日の辰野が魅せられていたらと想像してみると楽しい。いや、全くの妄想だけれども。

主庭のある南側外観

明治時代

じっくりと見たい

迎賓館赤坂離宮

03

東京都港区
明治42年

明治42年（1909年）に東宮御所として建設された日本で最初の西洋風宮殿建築。戦後、皇室から行政に移管され、政府の施設として利用されていたが、村野藤吾の設計により1974年、国の迎賓館に生まれ変わった。日本における近代洋風建築の到達点と評され、2009年に本館、正門、東西衛舎、主庭噴水池、主庭階段が国宝に指定された。

左右対称による近代化

JR四ツ谷駅から南へ行くと、道は途中で左右に分かれる。両側の並木によって遠近感が強調された前方の中心に見えてくるのが、迎賓館赤坂離宮だ。

四ツ谷駅側（北側）の外観は中央に玄関があり、その左右に両翼がカーブしながら手前に向かって延びる。目を凝らして見ると、屋根の上には鎧兜（よろいかぶと）の武者や鳳凰がいる。そうした細部の装飾に和の要素を残してはいるものの、全体の構成は本格的な西洋建築だ。

指定　国宝
建設時期　1909年（明治42年）
設計者　片山東熊（宮内省内匠寮）

一般公開あり。詳細は内閣府ホームページ　http://www.geihinkan.go.jpより
無料
東京都港区元赤坂2-1-1
JR四ツ谷駅下車、赤坂口より徒歩7分

竣工は1909年。もともとは東宮御所、すなわち皇太子の住居として建てられた。設計者は片山東熊。工部大学校造家学科の第一期生として、辰野金吾とともにジョサイア・コンドル（44ページ〜）の下で学んだ1人で、卒業後は宮内省で建築の設計にあたり、奈良国立博物館、京都国立博物館などを手掛けている。

構造は鉄骨で補強されたレンガ造で、屋根は銅板ぶき。デザインはバロック様式のリバイバルを基調として、そこにルイ16世様式、アンピール様式、イスラム様式などを採り入れている。

設計に際して片山は欧米を視察し、フランスのルーブル宮殿やベルサイユ宮殿を参考にした。西洋建築を学習してきた明治の日本建築界が、総力を結集してつくり上げた〝卒業制作〟が、この建物だといわれる。

◆明治天皇に「ぜいたくだ」とされて住まわれなかった宮殿

しかし、おそらくこの建物は、よく出来過ぎていたのだ。完成した東宮御所に対して、明治天皇は一言、「ぜいたくだ」と漏らしたとされ、これが効いたのか、当時の皇太子、すな

関東
北海道
東北
中部

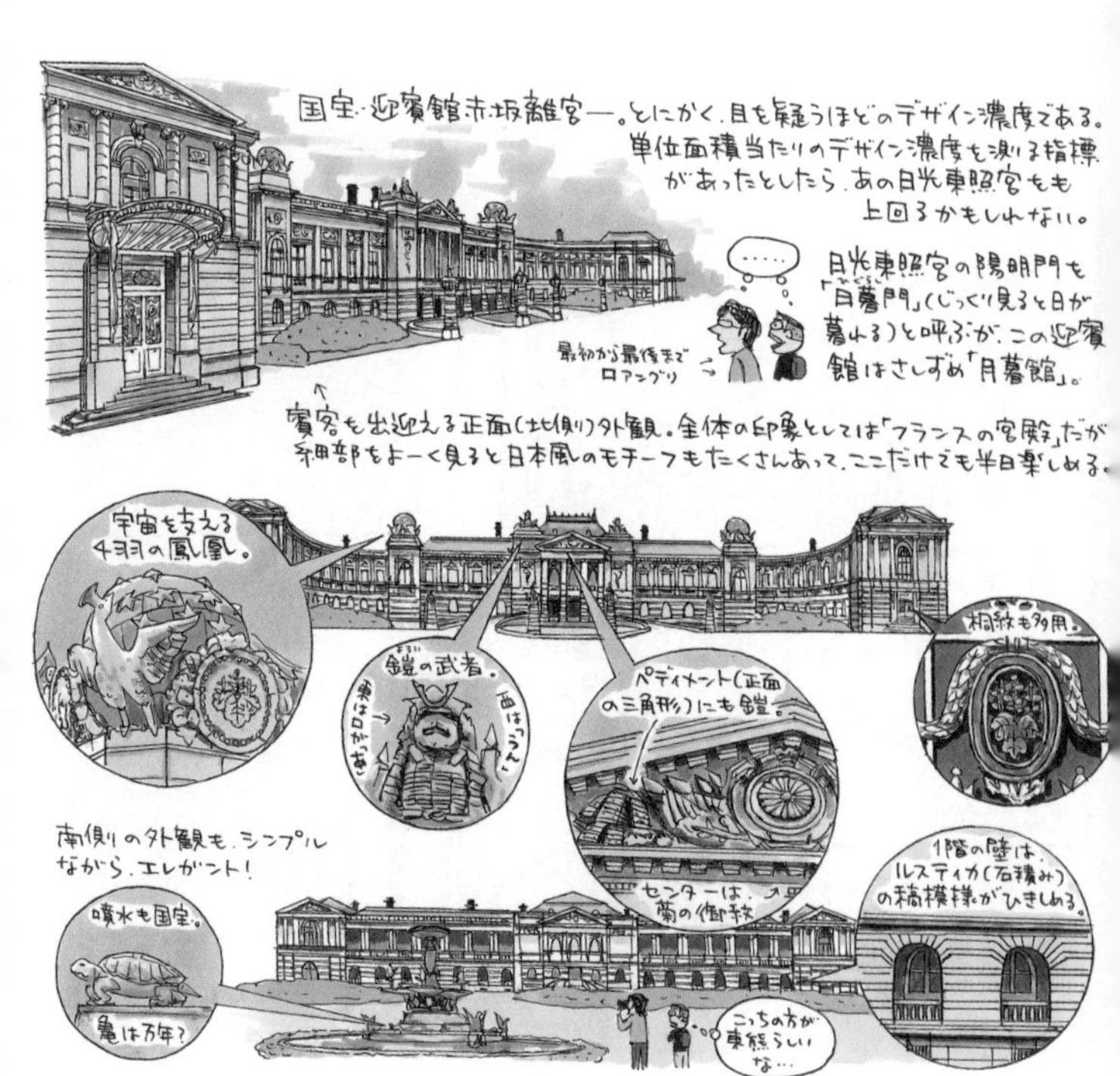
国宝・迎賓館赤坂離宮―。とにかく、目を疑うほどのデザイン濃度である。
単位面積当たりのデザイン濃度を測る指標
があったとしたら、あの日光東照宮をも
上回るかもしれない。
……
日光東照宮の陽明門を
「日暮門」(じっくり見ると日が
暮れる)と呼ぶが、この迎賓
館はさしずめ「月暮館」。
最初から最後まで
ロアングリ
賓客を出迎える正面(北側)外観。全体の印象としては「フランスの宮殿」だが
細部をよーく見ると日本風のモチーフもたくさんあって、ここだけでも半日楽しめる。
宇宙を支える
4羽の鳳凰。
鎧の武者。
東は口が「あ」
西は「うん」
ペディメント(正面
の三角形)にも鎧。
センターは、
菊の御紋
桐紋も多用。
南側の外観も、シンプル
ながら、エレガント!
噴水も国宝。
亀は万年?
1階の壁は、
ルスティカ(石積み)
の縞模様がひきしめる。
こっちの方が
東熊らしい
な…

それでは、オバマ大統領になった気分で館内を巡ってみよう。公式行事で使われるのは、主に2階だ。

まずは西側の大広間「羽衣の間」。レセプションに使われる。

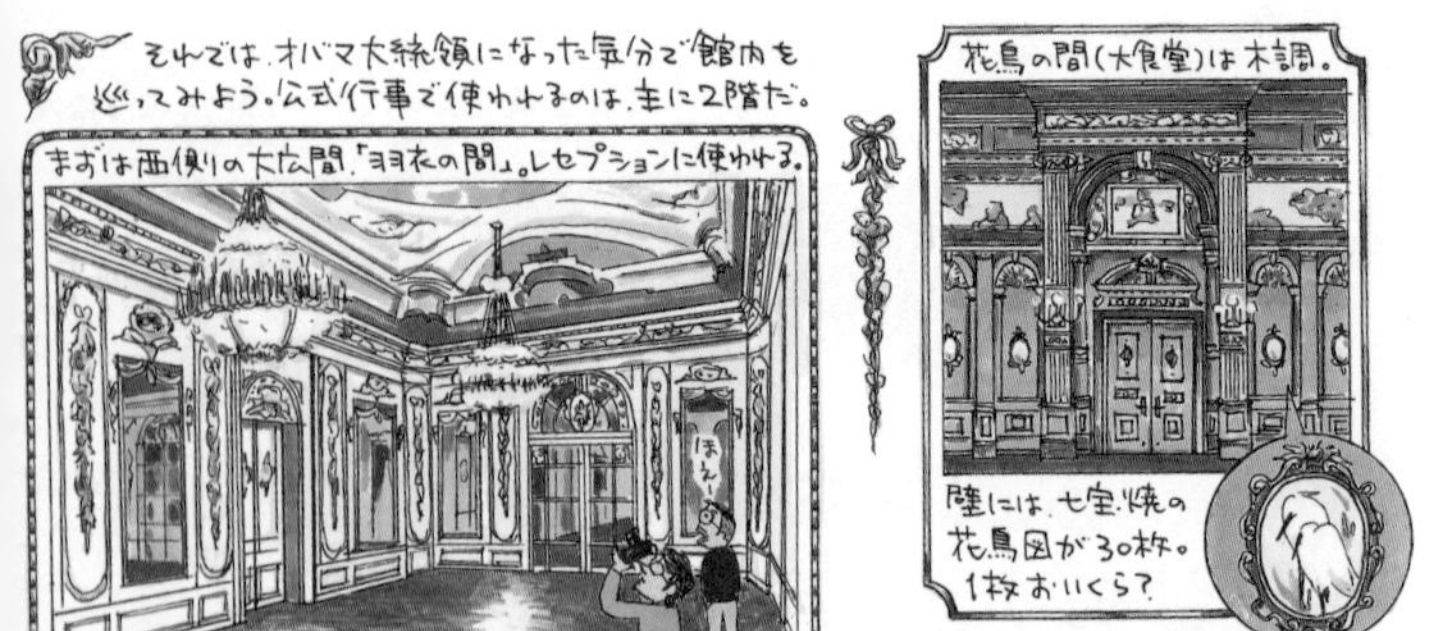

四隅の柱が空に向かって立ち上がる、だまし絵のような天井画が部屋全体を覆う。

天井画や壁画のほとんどは、フランスの画家が描いたもの。どこまで片山がコントロールできたのか分からないが、「取って付けた感」はない。

花鳥の間（大食堂）は木調。

壁には、七宝焼の花鳥図が30枚。1枚おいくら？

「記念館」とは全く異なる「今も現役」のシズル感。この建築は生きている！

朝日の間（サロン）の壁絵。

鎧が好きだなぁ…。

華やかな装飾群もさることながら、筆者が一番心を打たれたのは、モザイクタイルの床。

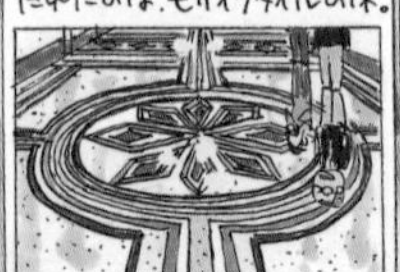

長年のワックス磨きにより、まるで樹脂で固めたようにピカピカ。見たことのない素材感。

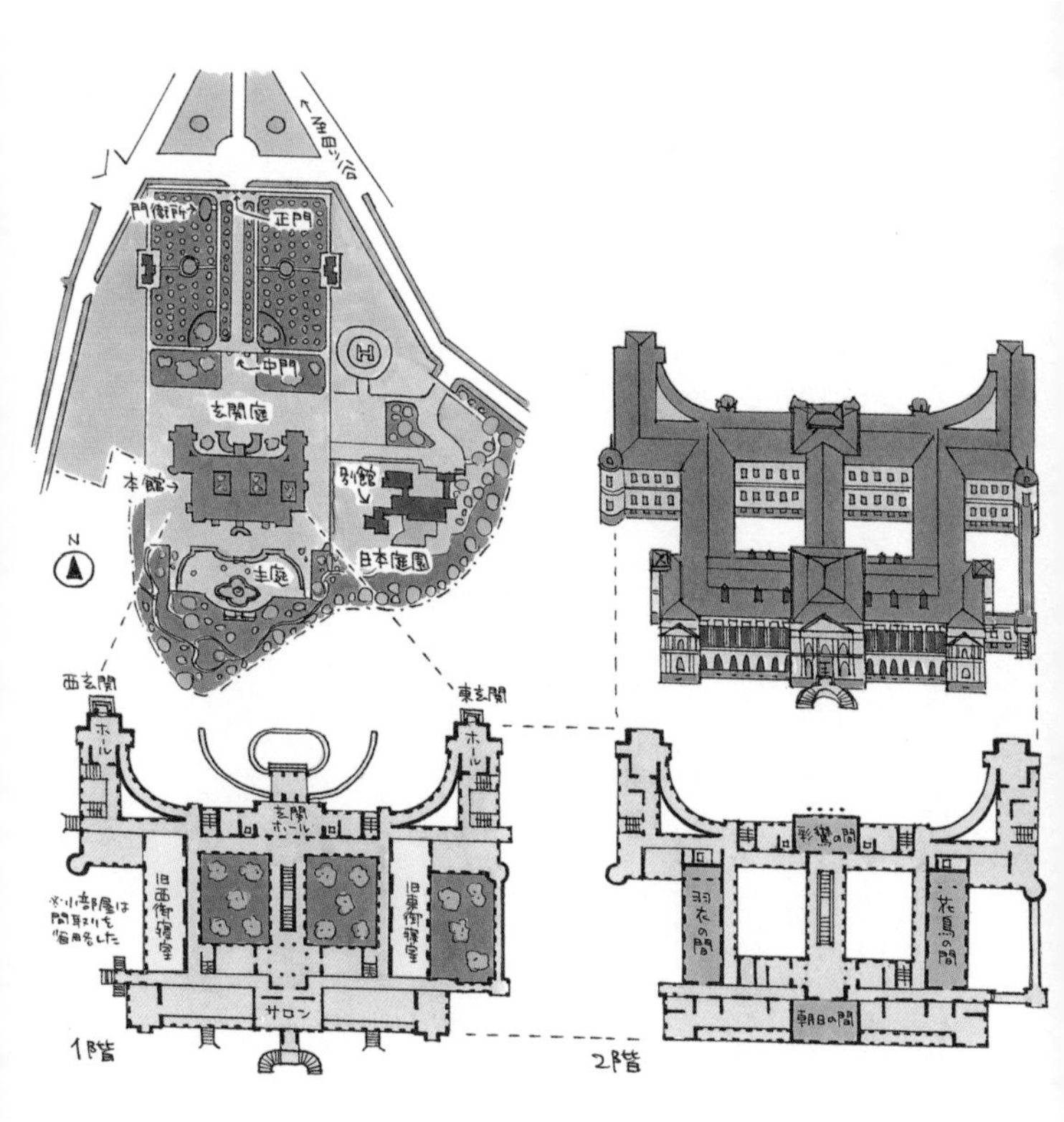
至四ツ谷
門衛所
正門
中門
玄関庭
本館
別館
日本庭園
主庭
N
西玄関
東玄関
ホール
ホール
玄関ホール
旧西御寝室
旧東御寝室
※小部屋は間取りを省略した
サロン
1階
彩鸞の間
羽衣の間
花鳥の間
朝日の間
2階

わち大正天皇はこの建物に結局、住まなかった。

　このことは片山にとっては大きなショックだったに違いない。宮廷建築家として自らのすべてをかけて設計し、最高の材料を使って築いた作品があっさりと否定されたのだから。

　そして後の昭和天皇も、結婚して間もなくわずかな期間だけ住まいとしたが、天皇に即位した後は、やはり使わなくなっている。

　建築家の意図したことが、使用する側の思惑とずれ、うまく使われないままとなる事例が現在でも起こっている。そうした建築とプログラムのミスマッチによる悲劇は、この東宮御所で既に始まっていたのである。

　建物は太平洋戦争時に空襲で被災。戦後は国立国会図書館として使われた。利用する庶民にとってはうれしいが、建物からすればあまりにももったいない話である。

　１９６０年代に国賓を接遇する迎賓館の必要性が高まると、この建物を使用することに決まり、できるだけ当初の状態に戻すという方針で、村野藤吾の設計により改修された。

　内部には1階に宿泊機能、2階に宴会機能を収めている。花鳥の間、彩鸞（さいらん）の間などと名前が付けられた各部屋には、それぞれに異なった装飾や仕上げが施され、いずれにも目を見張一切の妥協を排したこの建築。完成には当初予算の倍以上の費用がかかった。現在の貨幣価値にすると500億円とも。延べ面積は約1.5万m²なので…

500億円÷(1.5万m²÷3.3m²)
＝1100万円／坪！(絶句…)

にもかかわらず、明治天皇に「ぜいたく」と言われ、皇太子(大正天皇)には住んでもらえず…。

いらない
えっ
ガーン
1854-1917

片山東熊は失意のなか、8年後(1917年)に亡くなった。

そんな不遇の建築が脚光を浴びるのは1974年。村野藤吾の設計により、迎賓館として改修された。

頼むぞムラノ
1891-1984
"昭和の巨匠"登場

歴史遺産の改修といっても、そこは村野。完全にオリジナルに戻すことにはこだわらない。例えば東西玄関のガラス庇は、もともと←黒だったスチール部分を、白に変えてしまった。同様に、正門→の鉄柵も、黒から白に。

どちらも、たったそれだけのことなのに、初めから村野がデザインしたかのよう。

うーむ
村野っぽ

改修でもにじみ出る村野ワールド

正門近くに新設した門衛所。これは、まさしく村野流。

門衛用のボックスもかわいい！量産できそうな完成度。

与条件が何であっても「ひと味」で村野色に変えてしまう。「1%の村野」の面目躍如。

ふぉっ ふぉっ

「してやったり」という村野の笑いが聞こえてきそう。

る。特に、フランスの画家に天井画を描かせた朝日の間や羽衣の間は、空間自体が一級の美術品と化している。

2009年には、明治以降の近代建築としては初めて「国宝」にも指定された。

◆左右対称なのは、男女同権の意？

外観の左右対称は、間取りにも及んでいて、これは非公開の1階も当初からそうだったという。これについては小沢朝江の『明治の皇室建築』（2008年、吉川弘文館）に重要な指摘がある。この建物は東側が皇太子殿下、西側が皇太子妃殿下の住まいとしてつくられており、両者が機能も広さも同じにつくられている。これは皇室建築の歴史上、極めて異例であり、手本にしたルーブルやベルサイユの宮殿でも実現できていなかったことだという。

平塚らいてうが「元始女性は太陽であった」の書き出しで女性解放を論じた雑誌「青鞜」を創刊する直前のことである。男女同権には程遠い時代に、皇族の男女が同格であることを示す建築ができていたのだ。

片山は男女同権にすべしという意図があって、左右対称の平面を採用したのではないだろう。日本建築の特質が左右の非対称にあることがしばしば言われるが、だからこそ西洋建築の左右対称にこだわり、部屋の間取りまでこれを貫徹したのだ。男女同権の平面は、その結果にすぎない。

そこから思い浮かべるのは、1990年代に建築家の山本理顕によって展開された建築とプログラムの関係についての議論である。

山本は「建築に先立ってプログラムがあるのではなく、実は建築空間の構成がプログラムを決めている」という意味のことを語ったのだが、急進的な男女同権というプログラムが、左右対称の建築の構成から生まれているこの建物は、山本の説を裏付ける事例と言ってもよさそうだ。

明治維新後に建てられた近代建築は、近代社会の訪れによって生み出されたのではなく、このように建築が社会の近代化を先導していたのかもしれない。

そう考えていくと、帝国議会も議事堂を左右対称に建てたかったら、二院制を採用したのではないか――。そんな仮説を唱えてみたくもなるのである。

入り口のある北側から見た外観

04

明治時代

じっくりと見たい

旧岩崎久彌邸

東京都台東区
明治29年ごろ

三菱創設者・岩崎家の本邸として建てられた。現存するのは洋館、撞球（ビリヤード）室、和館の一部で、洋館と撞球室がジョサイア・コンドルの設計。洋館と山小屋風デザインの撞球室とは、地下道でつながっている（地下は非公開）。建て主の岩崎久彌は岩崎彌太郎の長男で、三菱財閥3代目総帥。

紅茶の国から来たオタク

レンガ塀に囲まれた敷地に入り、坂道のアプローチを登り切ると、シュロの木の向こうに、木造2階建ての洋館が見えてくる。北面のファサードは、塔を右に寄せた非対称の構成で、窓の周りには華麗な装飾が施されている。この建物が岩崎久彌邸の洋館だ。

久彌は三菱財閥の3代目で、創業者である彌太郎の息子である。

洋館は主に接客のために用いられ、日常の生活は西側に隣接する和館の方で営まれたとい

指定 重要文化財
建設時期 1896年（明治29年）ごろ
設計者 ジョサイア・コンドル

9：00～17：00
（入園は16：30まで）、
12月29日～1月1日は休園

大人400円

入り口は北向き。
芝庭に面したベランダ側は南

東京都台東区池之端1-3-45

東京メトロ・湯島駅から
徒歩3分

う。

正面玄関から洋館に入ると、1階、2階ともホールを中心として、食堂、集会室、客室、書斎などの部屋が並ぶ。壁、天井の仕上げやデザインは部屋ごとに異なっており、どこをとっても見どころがある。階段の周りは特に凝っていて、柱には植物をモチーフにした華麗な装飾が施されている。こうしたデザインは、英国で17世紀前半にはやったジャコビアン様式を採り入れたものといわれる。

もっともこの建物を何様式と特定するかは難題で、ベランダがついているあたりはコロニアルだし、内部の意匠にはルネサンスやイスラムも採り入れられている。

一方、東側に併設された撞球室は、米国木造ゴシックの流れが指摘され、設計者自身はスイスの山小屋風と表現している。古今東西の様々な様式がミックスされているのだ。

◆日本好きなオタク英国青年による建築

設計を担当したのは、日本近代建築の父とも母ともいわれるジョサイア・コンドルだ。1852年、ロンドンに生まれている。

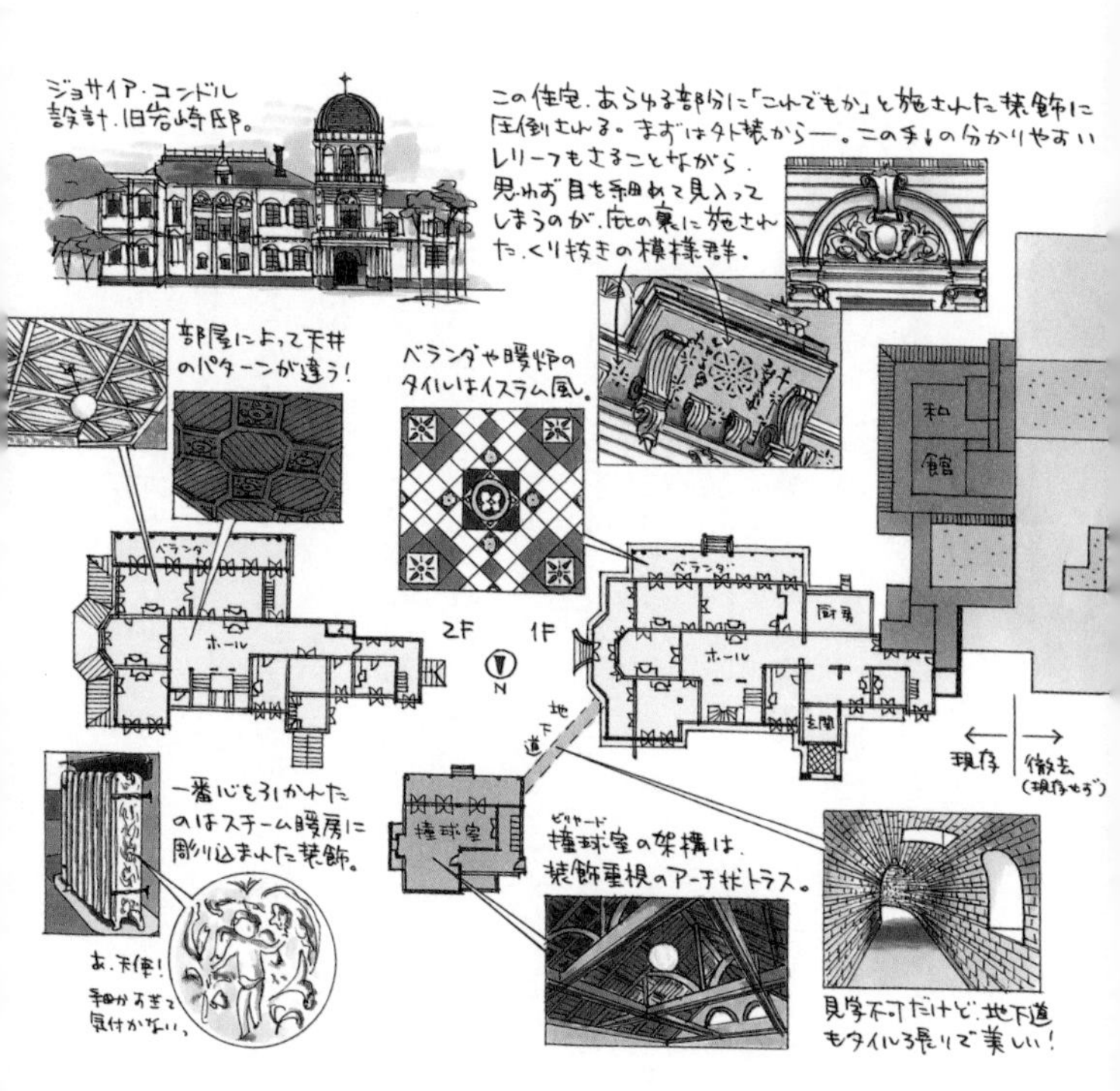

ジョサイア・コンドル設計。旧岩崎邸。
この住宅、あらゆる部分に「これでもか」と施された装飾に圧倒される。まずは外装から―。この手↓の分かりやすいレリーフもさることながら、思わず目を細めて見入ってしまうのが、庇の裏に施された、くり抜きの模様群。
部屋によって天井のパターンが違う!
ベランダや暖炉のタイルはイスラム風。
和館
ベランダ
ホール
2F
1F
N
ベランダ
厨房
ホール
玄関
地下道
現存
撤去（現存せず）
一番心を引かれたのはスチーム暖房に彫り込まれた装飾。
撞球室
ビリヤード
撞球室の架構は、装飾重視のアーチ状トラス。
あ、天使!
細かすぎて気付かない。
見学不可だけど、地下道もタイル張りで美しい!

日本に来たのは１８７７年。彼が24歳の時である。王立建築家協会コンペにカントリーハウスの設計案で１等賞を獲得して将来を有望視されてはいたが、所詮は設計事務所に勤め始めたばかりの建築家の卵。そんな若者を、大胆にも明治の新政府は教師として工部大学校（現在の東京大学工学部）へ招く。

呼ばれて行く方にとっても勇断だろう。高額の給料が約束されているとはいえ、地球の反対側にある文化の異なる国で、仕事をしなければならないのだ。

もっとも、コンドルを日本行きへと駆り立てる理由もあった。万国博覧会などをきっかけとして、ロンドンでは絵画や工芸など日本文化に対する関心が高まっており、コンドルもそれにはまっていたからだ。現在の状況に例えるなら、日本のアニメを見てファンになった、ヨーロッパのオタク青年みたいなものかもしれない。

コンドルは教師としては優秀で、数多くの建築家を育て上げた。東京駅（14ページ）の辰野金吾、迎賓館赤坂離宮（32ページ）の片山東熊、旧慶応義塾大学図書館の曾禰（そね）達蔵、日本郵船小樽支店の佐立七次郎、神戸地裁の河合浩蔵など、そうそうたる名前が門下生のリストには連なる。

↑英国ジャコビアン様式を基調とする洋館と、米国木造ゴシックの流れをくんだ撞球室↑ー。普通ならクセとか偏執的なこだわりとか、共通項が見えるものだが、それが全く見えてこない。コンドルらしさとは？？

ニコライ堂（1891年）

三菱1号館（1894年）

三井倶楽部（1913年）

古河邸（1917年）

「コンドルらしさ」を探して、都内に現存するコンドル建築を訪ねてみたが、どれも様式の教科書みたいで、ますます「らしさ」からは遠ざかる…。鹿鳴館の写真を見ても同様だ。

鹿鳴館（1883年）

巡れども巡れども、コンドルは飛んでゆく。

考えてみると、三菱、三井、古河と、大財閥の間をゆうゆうと飛び回ってしまうのもすごい。自己を押しつけないから相手の色に染まることができたのだろう。コンドルが「日本建築界の母」と呼ばれることが多いのにも納得。

一方、明治政府から依頼されて、鹿鳴館（1883年）などの設計も行った。また、日本文化への傾倒ぶりもただならぬものがあって、画家の河鍋暁斎に弟子入りまでしてしまう。コンドルは官職を解かれるといったんは帰英するが、すぐに日本に戻り、日本人と結婚して、この国で一生を終えた。

◆もし英国へ帰っていたら

さて近代日本建築の歴史において大きな足跡を残したコンドルだが、世界の建築史の中ではどのように位置付けられるだろうか。

コンドルが建築を学んだころ、ヨーロッパの建築デザインを席巻していたのは歴史主義である。「古代からバロックに至るまでのあらゆる歴史的様式が使用され、更にヨーロッパ以外のエジプト、メソポタミアからインド、中国、日本、果てはイスラムの建築様式までも取り込まれていった」（フリッツ・バウムガルト『西洋建築様式史』、鹿島出版会）

そんな時代に日本を訪れたコンドルは、鹿鳴館の設計に際しても、西洋建築に異国の様式を混ぜることを考えた。日本が大好きな彼のことである。その際にまず思い浮かべたのは、日本建築を参照することだったのではないか。

しかしそれは無理である。なぜなら建築主は日本政府。日本は参照される側ではなく、参照する側なのだ。それでコンドルは、鹿鳴館にイスラム様式を採り入れた。結果的にこれは不評を買うこととなるのだが、本人にとっても不本意だったに違いない。

岩崎久彌邸では、そうした悩みからは解放されていたように見える。設計において〝日本〟をどう取り入れるかの問題は、併設されている和館に任せてしまえばいい。コンドルにとっては気が楽だ。だからこそ伸び伸びと、日本以外の様々な世界の様式をミックスすることができたのだ。

もし、コンドルが日本から帰国した後、英国で活動していたらどんな建築をつくっていただろう。日本で身に付けた美意識に基づいた、新しい建築スタイルを生み出した可能性もあるのではないか。

例えば、19世紀末のスコットランドで活躍したチャールズ・レニー・マッキントッシュの作品には、ほのかに日本的な感性が漂うとされるが、それに先駆けたプレモダンの傑作を、コンドルが実現していたのかもしれない。

円覚寺舎利殿の正面外観

室町時代

ちらりとでも見たい

円覚寺舎利殿

05

神奈川県鎌倉市
室町時代中期

円覚寺は1282年、
北条時宗によって創建された。
釈迦の骨をまつる舎利殿は、
室町時代中ごろに太平寺に建設されたものを
移築したと考えられている。
禅宗とともに宋から伝来した禅宗様(ぜんしゅうよう)を採用した
現存最古の仏堂で、軒の反りや細い柱、
扇子のように広がる扇垂木(おうぎたるき)など、
禅宗様の特徴がよく分かる。

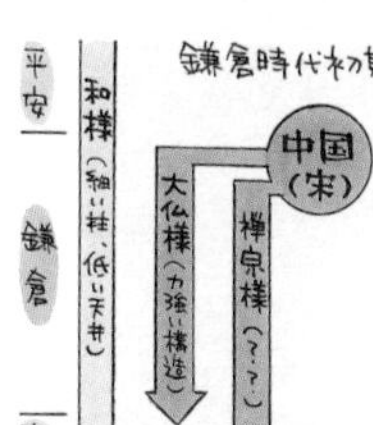

鎌倉時代初期、禅僧によって中国から伝えられた禅宗様（唐様ともいう）。同時期に伝えられた大仏様（天竺様）が「貫」を多様した分かりやすい構造表現であるのに対し、禅宗様の特徴はいまひとつ分かりにくい。

その禅宗様の代表とされるのが、鎌倉・円覚寺にある舎利殿。正面から見たシルエットは、禅宗様なんて知らずとも、文句なく美しい！（意外と小さいけど…）

外観から分かる禅宗様の特徴は…。
A. 放射状に広がる「扇垂木」。B. 釣鐘みたいな形の「花頭窓」。C. 波状の「弓欄間」。

資料を調べていたら、舎利殿の立面がこんな形であることが分かった。えっ？

こんなずん胴で、上のイラストと全然違う。おそらく、至近距離からは低く見えるように計算したのだろう。その辺りの美意識も、禅宗様が日本に広まった理由かも。

実物の舎利殿は中に入れない。（外観見学も期間限定なので、注意。）そこで、神奈川県立博物館にある原寸大舎利殿模型を見に行った。

中から天井を見上げると、禅宗様の特徴とされる、細い部材による上昇性の表現がよく分かる。描くのが大変…。

ディス・イズ・「禅宗様」

指定 国宝

建設時期 1393年～1466年ごろ（室町時代中期）

設計者 不詳

- 拝観は3月～11月は8：00～16：30、12月～2月は8：00～16：00。舎利殿の一般公開は2021年1月現在未定
- 円覚寺の入場料は大人300円
- 舎利殿は撮影不可
- 神奈川県鎌倉市山ノ内409
- JR北鎌倉駅から徒歩1分

北側から見た聴秋閣

江戸時代

ちらりとでも見たい

06 三溪園聴秋閣

横浜市
江戸時代前期

三溪園は生糸貿易で財を成した実業家、原三溪が整備した。17万㎡を超える敷地に京都や鎌倉などから移築した建造物が配置されている。

聴秋閣は徳川家光が二条城内に建て、後に春日局が賜ったとされる建物で、佐久間将監（しょうげん）の作と伝わる。

佐久間は小堀遠州と同時代に幕府の作事方（建設担当）を務めた人物。

西の飛雲閣、東の聴秋閣一。「左右非対称の美」も極めた日本建築の両横綱だ。
といっても、聴秋閣も、もともとは西にあった。

1623 竣工 京都 二条城内 → 移築 → 江戸 春日局の邸内 → 1881 移築 → 牛込若松町 二条公邸 → 1922 移築 → 横浜 三溪園

当初のオーナーは三代将軍・徳川家光。
日光東照宮や清水寺もつくった名プロデューサーだ。家光の時代には「三笠閣」と呼ばれていた。その後、3度の移築を経て、三溪園に置かれた際、「聴秋閣」と改められた。傾斜地の川辺に配置した原三溪（実業家、1868-1939）のセンスが素晴らしい。「日本の落水荘」と呼びたくなる。（あるいは落水荘を「米国の聴秋閣」と呼ぶべきか？）

F.L.Wright
1935

入り口が木製タイル敷きであることなどから、建設当初も池に面して立ち、小舟で出入りできたと考えられている。

この建物、見る角度によって全く見え方が違う。普通の住宅だって、やろうと思えばこれくらいできる、ということか…。

今回はイラストも非対称を意識して描いてみた。でも、非対称で全体を美しく構成するのは、やっぱり難しい！

流れるような左右非対称

指定 重要文化財
建設時期 1623年
設計者 佐久間将監

- 9：00～17：00（入園は閉園の30分前まで）12月29日～31日は休園。聴秋閣の見学は外観のみ
- 大人700円（三溪園の入園料）
- 川下に対しては南東向き。川上側の遊歩道に入れるのは特別公開時のみ
- 横浜市中区本牧三之谷58-1
- JR桜木町駅、横浜駅から市バスで本牧三溪園前下車、徒歩5分。首都高速・本牧埠頭出入口から南に約2km

三重塔を南から見上げる。左奥に大本堂がある

07

ちらりとでも見たい

江戸時代

成田山新勝寺 三重塔

千葉県成田市
江戸時代中期

総門をくぐり、階段を上がると、大本堂の右手前に極彩色の三重塔（1712年建立）が現れる。高さ25mで、周囲には十六羅漢の彫刻がめぐらされ、見上げると軒裏に雲水紋の彫刻がびっしりと施されている。大本堂（1968年）は吉田五十八（いそや）の設計。額堂（1861年）など、ほかにも見どころが多い。

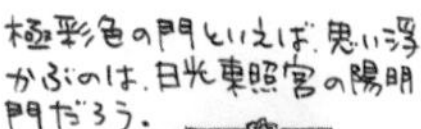

極彩色の門といえば、思い浮かぶのは、日光東照宮の陽明門だろう。

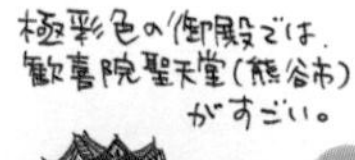

極彩色の御殿では、歓喜院聖天堂（熊谷市）がすごい。

では、極彩色の塔は？ それなら文句なく、成田山新勝寺の三重塔。

極 彩 色 の 美

1636

1760

1712

これらを1カ所に集めたら、すごいパワースポットになりそう。

ノーマル

通常は垂木が並ぶ

通常の日本建築は、軒下に垂木が並ぶが、この三重塔は、軒下が1枚の板で覆われ（「1枚垂木」と呼ぶ）そこに「雲水紋」が彫り込まれている。

線ではなく、半立体

ほのぼの

天下泰平

極彩色建築のお約束ともいえる"天下泰平"系の彫刻がそこかしこに。

単に派手というだけではない。2層、3層に黒と赤のストライプを挟むことで、全体の色バランスを引き締めている。

こんなバッグをつくったら、売れそうな気が…。

ド派手なオバチャンといえば関西だが、極彩色建築が東日本に多く残っているのがちょっと不思議だ。もちろん、江戸から近いからということもあるだろうが、実は東日本の方が、原色への抵抗が薄いのかも。

あふれ出すゴージャス感

↑至成田空港駅
書道美術館
大本堂
釈迦堂
成田山新勝寺三重塔
光輪閣
総門
成田観光館
JR成田線
表参道
51
至成田空港駅
成田駅
京成本線
京成成田駅
0 300m

指定 重要文化財

建設時期 1712年

設計者 不詳

6：00～16：00無休

参拝は無料

大本堂を背景に撮るなら南東から

千葉県成田市成田1

JR成田駅、京成成田駅から徒歩10分

08

桃山時代

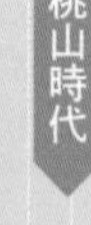
ちらりとでも見たい

笠森寺観音堂

千葉県長南町
安土桃山時代

笠森寺は「坂東三十三観音」の三十一番札所。
巨大な岩の峰上に建てられた観音堂は、
四方がすべて
斜面に張り出すバルコニー状になっており、
「四方懸造（かけづく）り」と呼ばれる。
1028年に後一条天皇の勅願により
建立されたといわれるが、その後に焼失。
現存する観音堂は、
安土桃山時代に再建されたものと考えられている

東から見た全景

日本唯一の四方懸造り。それが笠森寺観音堂の特徴だ。「懸造り」とは、清水寺のように、崖の上に立体格子を架け渡して床を支える方法。→懸造りだけでも珍しいのに、この観音堂はそれを4方向、360°にわたってやってしまった。回廊からの景色は、森の中の超高層ビル！

階段が外に飛び出す形で折り返しており、空中を上るような感じが面白い。

新梅田シティの空中庭園に向かうエスカレーターを思い出させる。

実物も感動したが、パンフレットに載っていたこの浮世絵にも感動。→二世安藤広重による「諸国名所百景」。いわば、写真なき時代のイラスト旅行ガイド。

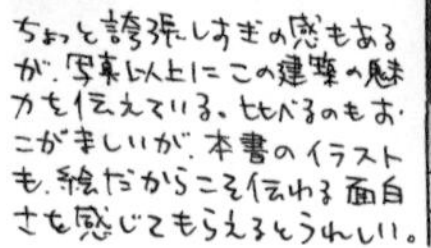

ちょっと誇張しすぎの感もあるが、写真以上にこの建築の魅力を伝えている。比べるのもおこがましいが、本書のイラストも、絵だからこそ伝わる面白さも感じてもらえるとうれしい。

現代に通じる「空中」演出

指定 重要文化財
建設時期 1597年ごろ
設計者 不詳

- 8：00～16：30（10月～3月は16：00まで）
- 大人300円
- 撮影可。観音堂の入り口は東側
- 千葉県長生郡長南町笠森302
- 小湊鉄道・上総牛久駅から小湊バス茂原駅行きで笠森下車、徒歩5分。圏央道・茂原長南ICから約5km

陽明門を拝殿側（北側）から見る

09

江戸時代

じっくりと見たい

日光東照宮

栃木県日光市
江戸時代前期

当初の社殿が完成したのは1617年。
現在の社殿群のほとんどは、
20年後の1636年に、
徳川3代将軍家光が建て替えたもの。
総奉行、秋元泰朝の指揮の下、
「金56万8000両、銀100貫匁、米1000石」の
巨費を投じて陽明門など55棟が完成した。
それでも、工期はたった1年5カ月だったという。

動揺するブルーノ・タウト

ここに来るのはいつ以来だろうか、と考える。初めて訪れたのは小学校の修学旅行だったが、その後の記憶が途絶えている。日光へは何度か足を運んでいるのだが、大人になってからも東照宮の境内までは入っていないはずだ。とすれば、35年ぶりの参詣ということになる。

東武日光駅から乗ったバスを降りて、右の輪王寺をチラ見しながら、表参道を進んでいくと、ほどなく石の鳥居にたどり着く。それをくぐると東照宮の境内で、左には五重塔が立

指定 世界遺産、国宝
建設時期 現存する主な社殿群は1636年の改築
設計者 不詳

9：00～17：00（11月～3月は16：00まで。いずれも受付は30分前まで）。無休
大人1300円
栃木県日光市山内2301
東武日光駅・JR日光駅からバスで約10分、徒歩で約30分

つ。奥にある石段を上がると、有名な「見ざる、聞かざる、言わざる」の三猿の彫刻が施された神厩（しんきゅう）がある。神厩とは奉納された馬の居場所だ。

建物の間を縫って、参道はカギ形に折れる。すると、もう目の前に陽明門が現れた。境内はもっと広い気がしていたので、少し拍子抜けした。サイズも、頭の中に描いていたものよりひと回り小さい。

とはいえ、がっかり感はない。施された彫刻は、構造体のすべてを寸分の隙なく覆っていて、とにかくすさまじい。しかも彫刻は、人物、動物、植物などバリエーションが豊富。色彩も赤、青、緑と多様で、そこに金色の輝きが加わって、華やかさを究める。別名を「日暮門」と言うが、確かにこれは時間が過ぎるのを忘れて見入ってしまう。

陽明門を抜けると唐門で、後ろには拝殿と本殿が控える。右に向かうと徳川家康の墓がある奥宮だ。いずれも、無数の彫刻で飾られている。

◆東照宮の中の〝ポケモン〟的世界

高藤晴俊『日光東照宮の謎』（1996年、講談社現代新書）によると、彫刻の総数は

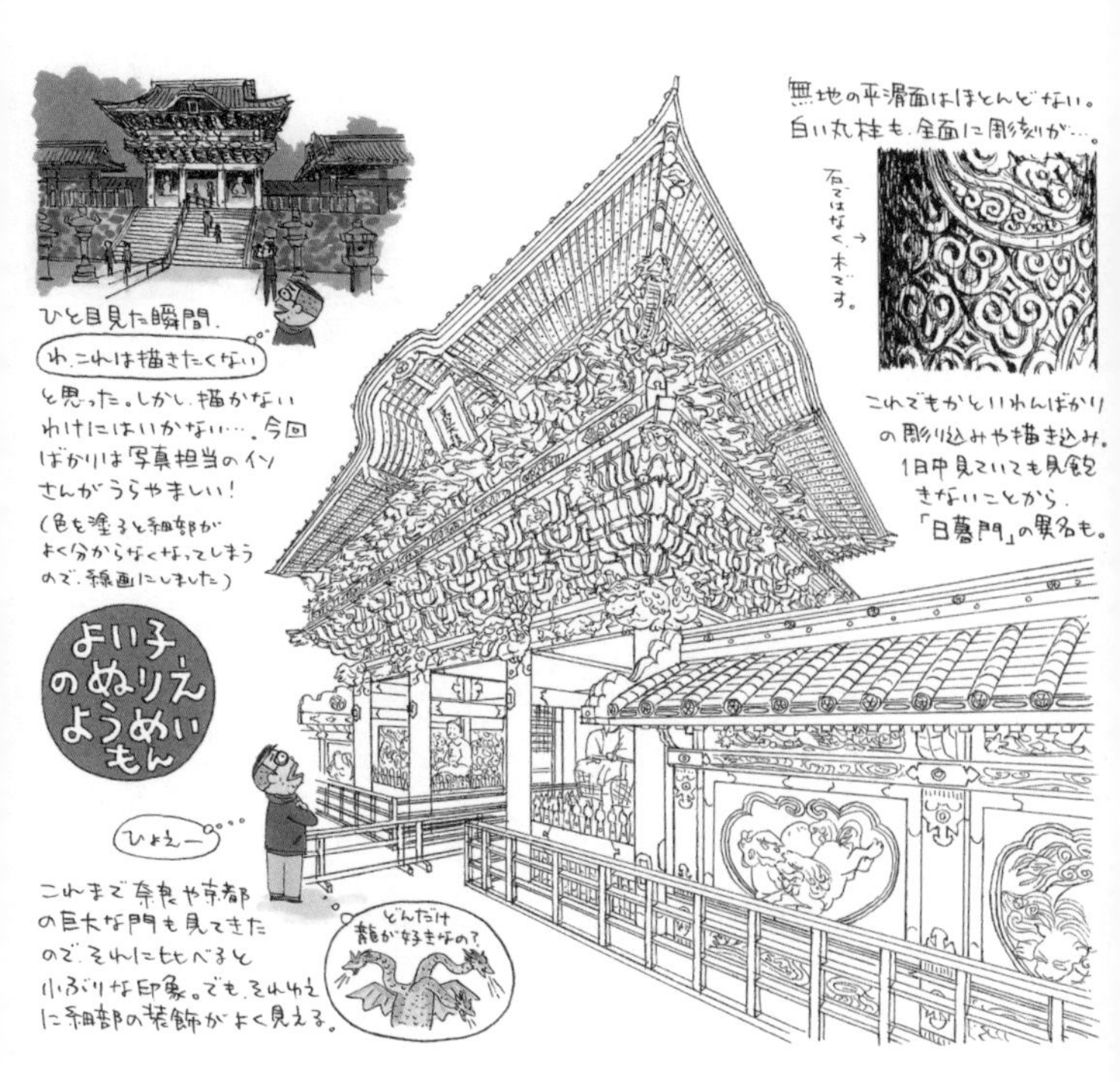
ひと目見た瞬間.

わ.これは描きたくない
と思った。しかし.描かないわけにはいかない…。今回ばかりは写真担当のイソさんがうらやましい!

(色を塗ると細部がよく分からなくなってしまうので.線画にしました)

よい子のぬりえようめいもん
ひょえ—

これまで奈良や京都の巨大な門も見てきたので.それに比べると小ぶりな印象。でも.それゆえに細部の装飾がよく見える。

どんだけ龍が好きなの?

無地の平滑面はほとんどない。

白い丸柱も.全面に彫刻が…。

石ではなく.木です。

これでもかといわんばかりの彫り込みや描き込み。

1日中見ていても見飽きないことから.「日暮門」の異名も。

５１７３体に及ぶ。それらのなかでも目を引くのは、動物をモチーフにしたものだ。それらは建物の表面から飛び出さんばかりに生き生きと彫られている。

数が多いのは唐獅子、龍、麒麟、鳳凰などといった、よく知られている幻獣たちだが、それに交じって珍しい生き物も発見できる。

例えば陽明門前にあるオランダ灯籠の覆屋には、獏がいる。鉄を主食としており、戦争が起こると鉄が武器に使われるため、食糧が失われて死んでしまうという。戦乱が過ぎた江戸時代だからこそ、用いられた動物なのかもしれない。

また、陽明門の尾垂木鼻で、龍の下に並んで頭を突き出している動物は、高藤晴俊の著書によれば、息という奇獣なのだそうだ。言われてみれば、鼻の穴を広げて頭に１本角を載せた顔立ちは、龍とは微妙に違っている。

奇妙な動物を探しながら境内を歩いていると、ポケットモンスターのゲーム世界に入り込んだようで、楽しい。

さて、これほど見どころの多い建築であるにもかかわらず、東照宮は建築界で評価が低い。そんな評価を決定付けたのが、ブルーノ・タウトだ。

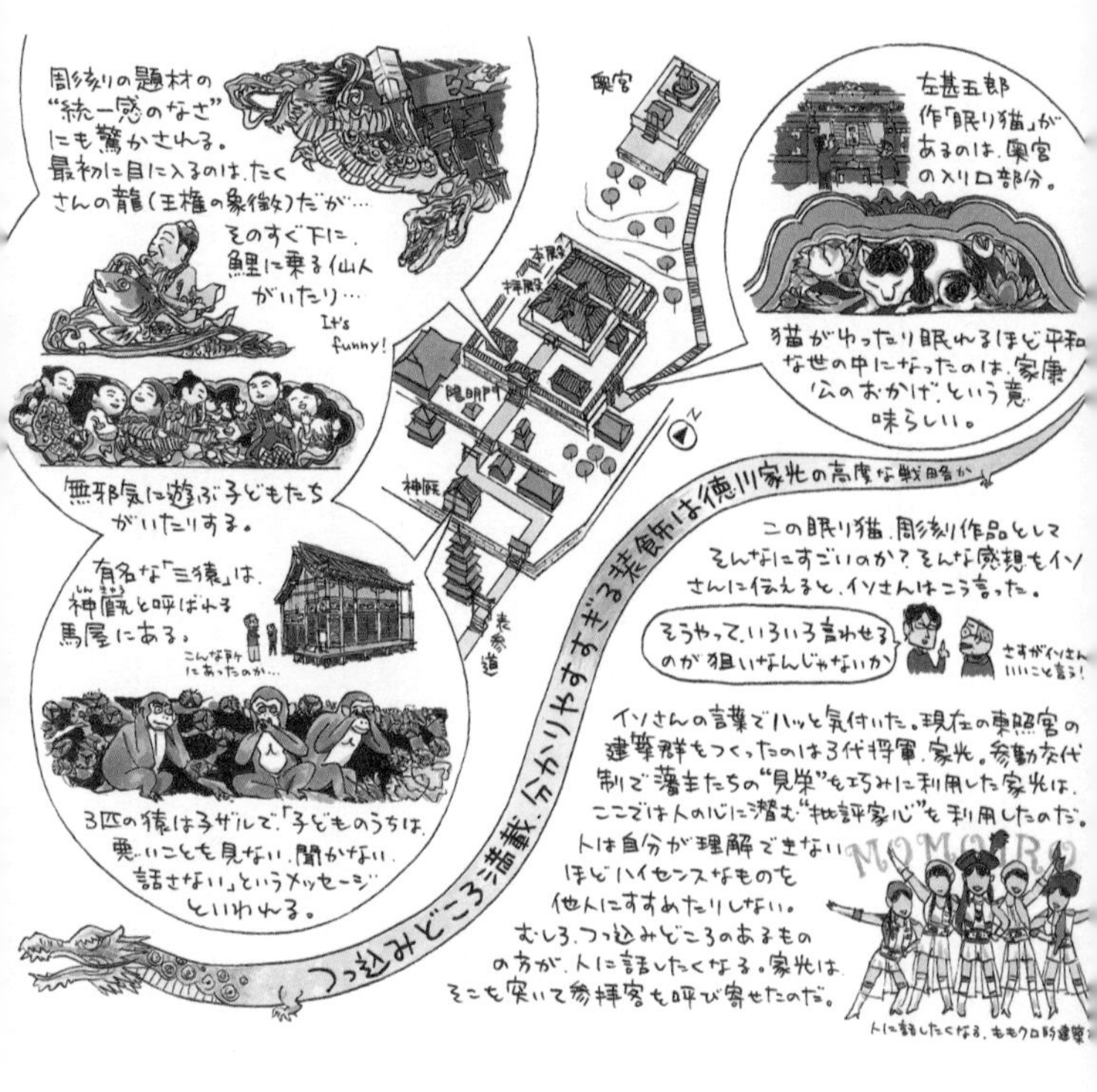
彫刻の題材の“統一感のなさ”にも驚かされる。最初に目に入るのは、たくさんの龍（王権の象徴）だが…
そのすぐ下に、鯉に乗る仙人がいたり…
It's funny!
無邪気に遊ぶ子どもたちがいたりする。
有名な「三猿」は、神厩と呼ばれる馬屋にある。
こんな所にあったのか…
3匹の猿は子ザルで、「子どものうちは、悪いことも見ない、聞かない、話さない」というメッセージといわれる。
奥宮
本殿
拝殿
陽明門
神厩
表参道
左甚五郎作「眠り猫」があるのは、奥宮の入り口部分。
猫がゆったり眠れるほど平和な世の中になったのは、家康公のおかげ、という意味らしい。
つっ込みどころ満載、分かりやすすぎる装飾は徳川家光の高度な戦略か
この眠り猫、彫刻作品としてそんなにすごいのか？ そんな感想をイソさんに伝えると、イソさんはこう言った。
そうやって、いろいろ言わせるのが狙いなんじゃないか
さすがイソさんいいこと言う！
イソさんの言葉でハッと気付いた。現在の東照宮の建築群をつくったのは3代将軍、家光。参勤交代制で藩主たちの“見栄”を巧みに利用した家光は、ここでは人の心に潜む“批評家心”を利用したのだ。
人は自分が理解できないほどハイセンスなものを他人にすすめたりしない。
むしろ、つっ込みどころのあるものの方が、人に話したくなる。家光はそこも突いて参拝客も呼び寄せたのだ。
MOMOIRO
人に話したくなる、ももクロ的建築

ドイツの建築家であるブルーノ・タウトは、1933年に来日する。日本各地の建築を見て回り、その印象を著したのが『ニッポン』（講談社学術文庫ほか）だ。そこでタウトは桂離宮を絶賛するのだが、その一方で東照宮をこき下ろす。

「それは建築芸術ではない」「不快な感じを与える」「全く粗野な無趣味」「見る気もしなくなってしまう」……とまあ、容赦ない文言が続くのである。

モダニズムに通じる桂離宮の簡素な美をたたえるために、その比較対象として東照宮を出したのであれば、ここまでしつこくたたく必要はない。タウトには何か別の意図があったのでは、と勘繰りたくなる。

◆タウトが否定したのはなぜか

タウトの見方は、当時、日本でも勃興していたモダニズムの建築家たちの意向に沿ったものだ。だからタウトの発言は、モダニズムを広めようとする彼らによって利用された。

しかしタウトがそれまでに手掛けた作品を見ると、モダニズムの主流派であるワルター・グロピウスが設計したデッサウのバウハウス校舎（1926年）のような、無彩色の直方体で構成した建築とは大きく異なる。

タウトが設計していたのは、例えばドイツ工作連盟展のガラス・パビリオン（1914年）のように、色ガラスを透過した光がカラフルに内部空間を染める幻惑的な建築だった。人間の感覚に訴えるきらびやかさは、桂離宮よりも、むしろ東照宮にずっと近かったのではないか。

タウトも作風を変化させ、日本を訪れたころには、光や色の効果に頼る建築からは脱していたが、だからこそ、東照宮は昔の自分を見るようでイヤだった。強い拒絶の身ぶりは、過去の自分に向けてのものだった、とは考えられないだろうか。

熱海の日向別邸（1936年）はタウトが日本で設計した数少ない建築の1つだ。彼が担当したのは、崖地に建つ建物の地下室部分だった。そのため結果的にこの作品は、外から見る形が存在せず、内部の空間体験だけがあるという建築となっている。これは外に形が氾濫して、内部が存在しない東照宮の陽明門を裏返したものにほかならない。

桂離宮はタウトの建築観に確かに影響を与えた。だがタウトの無意識を揺り動かしていたのは、実は東照宮だったのである。

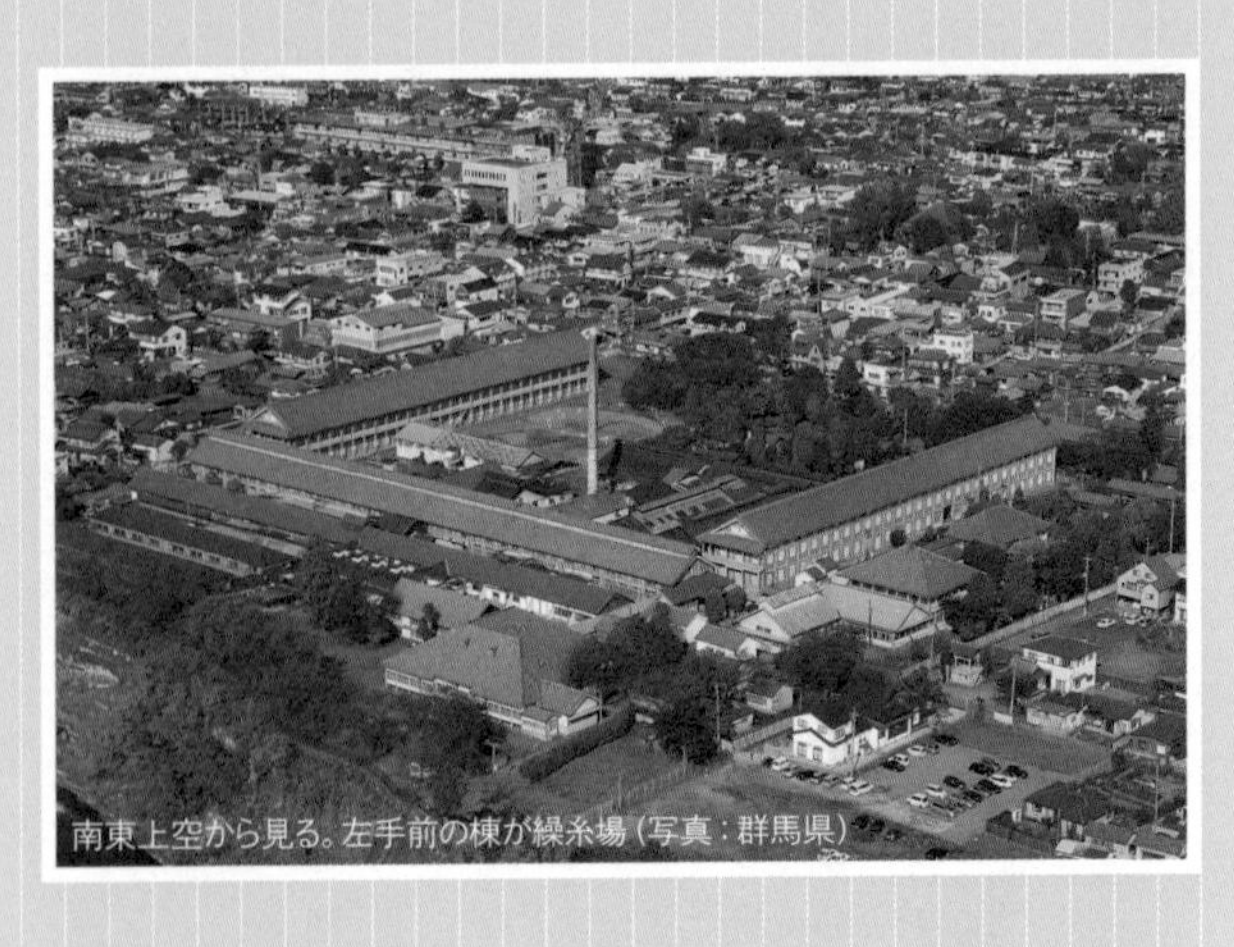
南東上空から見る。左手前の棟が繰糸場（写真：群馬県）

10

明治時代

じっくりと見たい

富岡製糸場

群馬県富岡市
明治5年

明治政府が近代化のために最初に設置した模範器械製糸場。明治5年（1872年）操業。繰糸所は長さ約140mで、300人分の繰糸器が設置された。世界的に見ても最大規模だった。20年後に三井家に払い下げられ、その後、原合名会社、片倉製糸紡績と経営者を変えつつも、1987年の操業停止まで100年以上も使用された。2014年、世界遺産に。

壁と柱のハイブリッド

富岡製糸場は、明治の新政府が輸出品となる生糸の生産を全国で展開するためにまず建設したモデル工場である。

西洋式の製糸機械を導入した工場づくりのために、政府は横浜にいたフランス人のポール・ブリュナを雇う。当時30歳という若さだった。

ブリュナは工場の敷地選びから関わった。原料の入手しやすさと、広い敷地を得られるこ

指定 世界遺産、国宝
重要文化財
建設時期 1872年(明治5年)
設計者 オーギュスト・バスティアン

9：00〜17：00
(受付は30分前まで)
12月29日〜31日は休館
大人1000円
入り口のある東置繭所は正面が東向き
群馬県富岡市富岡1-1
上信電鉄・上州富岡駅から徒歩15分

とから、上州の富岡が選ばれたのであった。

工場は1872年から創業を開始。製品の質は海外でも高く評価されたが、経営的には苦しい状況だったという。1893年には三井家に払い下げられ、さらに1902年には原合名会社へと所有者が変わる。そして1939年からは片倉製糸紡績株式会社が受け継ぎ、1987年まで操業した後、富岡市に譲渡された。

2005年には、敷地の一部の建物で一般公開をスタート。同じ頃から国の史跡、国の重要文化財など次々に指定され、その評価は急速に高まっていく。

そして2014年、養蚕農家の田島弥平旧宅（伊勢崎市）や養蚕教育機関の高山社跡（藤岡市）などと合わせて、ユネスコの世界遺産に正式登録された。

ちなみに工場が世界遺産に登録された例には、ダーウェント峡谷の工場群（英国）やフェルクリンゲン製鉄所（ドイツ）、グロピウスが設計したファグスの靴工場（同）などがある。富岡製糸場は、日本の工場建築としては初めての登録となる。

さらに同年には、敷地内にある主要な建物3棟が国宝に指定された。

今回から明治維新以降の建築
を巡るプレモダン編である。

明治 → 文明開化
→ 殖産興業/工業化
→ 富岡製糸場
ということで↗

↗「これしかないでしょ.レコ
がだし」と意気込んで
やって来たものの.これ
がそう簡単には書け
ない難物だった。
プレモダン編に取り組
む.姿勢も問う試金石
か?

上州富岡製糸場図(模写)

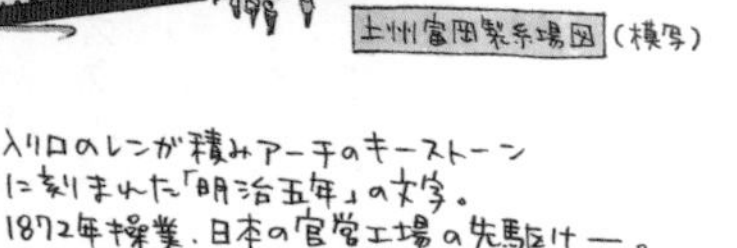

入り口のレンガ積みアーチのキーストーン
に刻まれた「明治五年」の文字。
1872年操業.日本の官営工場の先駆け――。
そこまでは歴史の授業で習うので誰でも知っている。

座繰り器

しかし.工場内でどうやって糸を紡ぐのかまで
は考えたことがなかった。で.どうするのか――.
江戸時代までは.鍋の中で柔らかくしたマユ
から.手回しの「座繰り器」で生糸を巻き取っ
いた。それを蒸気機関の力で300個の鍋
から一気に巻き取れるようにしたのだ。

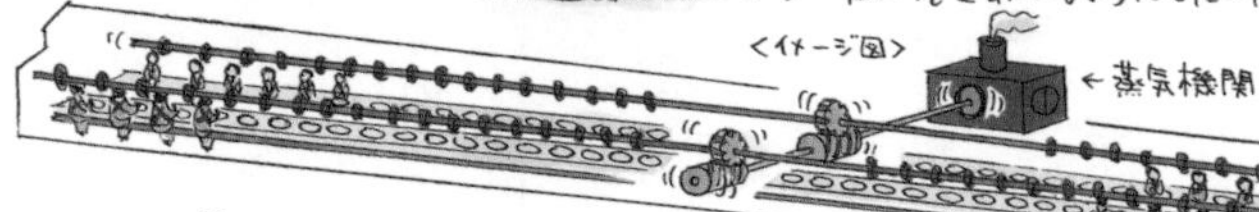

工場の核となる繰糸場は1台の蒸気機関で
最も効率的に糸を巻き取れるようにするため.南北140mのワンルームとなった。ナルホド!

◆なぜ木骨レンガ造に？

敷地のなかには繰糸所、東西2つの繭倉庫のほか、ブリュナの居館だった建物や工女の宿舎だった建物などが残っている。

長さ140mにも及ぶ繰糸所に入ると、その内部は小屋組みの下に一本の柱もなく非常に見通しがよい。そして大きなガラスの高窓から入る光で明るい。全国から集まった工女たちにも、この空間は近代という新しい時代の到来を実感させたことだろう。英国では1851年の第1回万国博覧会で既にクリスタルパレスが実現しているが、日本ではこのように自然光が入り込む明るい内部空間はかつて存在しなかった。

富岡製糸場の様々な建物を設計したのはフランス人のオーギュスト・バスティアンだ。横須賀製鉄所の製図工員として来日していた人物で、ブリュナの依頼を受けて富岡製糸場でも設計図を引いたとされる。

建築の特徴はまず木骨レンガ造であること。これはスギ材を柱梁として構造を組み、その間の壁部にレンガを積んで埋めていくという構造だ。レンガの積み方は、レンガの長手面と展示コーナーで基礎知識を得た後で繰糸場の中に入る。木のトラスの小屋組みが天井に果てしなく連続する。屋根のトラス小屋組みは日本で最初期のものだ。

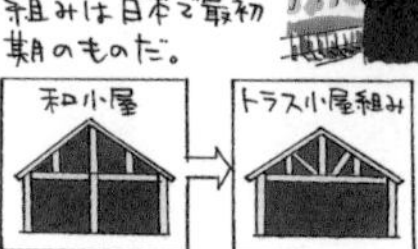

東西両サイドのガラスから光が入り、明るい。

そもそも板ガラスというものが当時の日本にはなく、フランスから輸入した。サッシはスチール製だ。

操業時は越屋根の下部からも光が入った。

空間としては素晴らしい、はずなのだが、「あれ、何か違うぞ」と感じてしまうのは、頭の中に当初のレトロな繰糸機が並ぶイメージがあるからだ。

← こんな。

でも、実際は。↓

そこに並んでいるのは、昭和60年代の閉鎖前に使われていた機械。

そう、この工場、"遠い過去の遺構"のように感じてしまうが、実際は筆者が小学校の授業で学んでいたときには「現役」だったのだ。

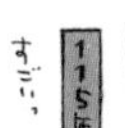

すごい。

1872 操業開始
1893 民間払い下げ。三井家に
1902 三井家→原合名会社
1939 原合名会社→片倉製糸紡績
1987 操業停止

過去は「点」ではなく、「線」なのだ（時には「面」でもある）。それを伝える難しさについて改めて考えさせられたプレモダン編第1回であった。

ああ、肝心のレンガについて書くスペースが…。レンガ建築はこれから続々と登場するので、詳しくはそのときに。

<木骨レンガ造>

<フランス積み>

短手面を交互に見せるように積んでいくフランドル積み（フランス積みとも呼ぶ）が採られた。また、小屋の組み方は西洋式のトラス工法を用いている。そのほか、鉄のサッシや回転窓、部材の連結に用いたボルトナットなど、西洋の新しい材料がいろいろと導入された。

なぜ単純にレンガ造としなかったのか。おそらく、地震の多い日本ではレンガ積みの構造では持たないと判断したのだろう。それで変形にも追従できる木造の軸組みで構造を持たせることにしたのだ。

この構造方式がバスティアンによって主体的に選び取られたのか、それとも無名の日本人技術者による強い働きかけがあったのか。おそらく後者だったろうと推測できるのだが、その辺りははっきりとしない。もしタイムマシンでもあれば、そこで交わされた会話を盗み聞きしてみたいものである。というのも、その後、幾度となく繰り返される日本建築界の大テーマが、既にここで表れているからだ。

◆日本と西洋のスタイルを接続

壁の仕上げ方には大きく分けて2種類がある。1つは柱を外側に表した真壁（しんかべ）であり、もう

1つは柱を壁体の内部に隠した大壁（おおかべ）である。

日本の建築は圧倒的に真壁が主流だ。神社も寺院も民家も大抵がこの壁のつくり方を採っている。大壁の方は、日本の建築では土蔵や城郭など、特殊な建築に見られるだけだ。一方、西洋で建てられてきた石造やレンガ造の建物では大壁が一般的な壁の在り方である。

つまり、富岡製糸場に見られる木骨レンガ造の壁は、レンガという西洋由来の材料を使用していながらも、日本の伝統に根差した真壁の方式が採られたというわけだ。

ここで思い出されるのは、吉田五十八（いそや）のことである。吉田はモダニズムが主流となった時代に現代的な和風建築に取り組んだ建築家だが、その手法として採ったのは和風建築への大壁の採用だった。これは富岡製糸場と全く逆のことを行っているのだが、目指すところは同じだったのではないか。

西洋から入ってきた新しいスタイルと、日本の伝統的な建築スタイルとをなんとかうまく接続すること。その問題に、明治維新を経てほどないころの建築家たちも取り組んでいたのである。

column

辰野金吾

1854～1919年

質実剛健の「辰野堅固」

明治維新後、日本に本格的な洋風建築を普及させるべく、その人材を育てるために設けられたのが工部大学校の造家学科。辰野金吾はそこを第1期生として巣立った4人の建築家のひとりだ。

出身は佐賀県の唐津。同期生の曾禰達蔵も同じ郷里だが、曾禰の家が上級武士だったのに対し、辰野家は下級の家柄だった。ちなみに後に「宇部市民会館」や「日生劇場」の設計を手がける村野藤吾（1891～1984年）も同じ出身地である。唐津ほど大建築家を集中して生み出した町はほかにないだろう。

辰野は工部大学校を首席で卒業して、英国へと留学。帰国後は帝国大学の教職に就いた。造家学会（後の日本建築学会）の会長も長く務め、アカデミーの世界を基盤として、黎明期の日本建築界のリーダーとして君臨する。

民間の建築設計事務所を立ち上げたパイオニアでもあり、東京には葛西萬司と共同で辰野葛西事務所、大阪には片岡安と共同で辰野片岡事務所を設立。第一銀行神戸支店（現・神戸市営地下鉄みなと元町駅）、旧盛岡銀行本店、奈良ホテル、武雄温泉新館楼門など数多くの作品を手がけた。作風は質実剛健。そこから「辰野堅固」の異名もとった。

私生活では相撲が大好きだったという。息子（のちに仏文学者になる辰野隆）を相撲取りの道へ進ませようともした。丸いドーム屋根が載った国技館（1909年竣工）も設計している。残っていたら、東京駅と並ぶ名所になっていたに違いない。

Part.

2

北海道

五稜郭タワーから見下ろす秋の五稜郭（写真：五稜郭タワー）

江戸時代

じっくりと見たい

五稜郭

11

函館市
江戸時代末期

防御性を高めるための「稜堡（りょうほ）」と呼ばれる5つの角を持つ、星形の城郭跡。

函館山から約6㎞離れた函館市のほぼ中央に位置する。

当初、奉行所は函館山の麓につくられたが、海からの攻撃を避けるため、現在地に移された。しかし、大砲の進歩で海から直接、砲撃を受け、防御性は発揮できなかった。

2010年に箱館奉行所が復元された。

五角形のユートピア

函館市内の移動の足は今も路面電車が便利だ。その停留所を降り、五稜郭タワーを目指して歩く。15分ほどすると、お堀の向こうに石垣が見えてくる。そこが目的地の五稜郭だ。建設されたのは1857年から1864年にかけて。その直前には、ペリーの艦隊が日本へ来航し、下田とともに函館が開港。それを受けて、北方の防衛拠点としてつくられたのが五稜郭だった。

指定 特別史跡
建設時期 1864年
設計者 武田斐三郎

- 公園は常時開放。箱館奉行所は9：00～18：00（11月～3月は17：00まで）。12月31日～1月3日は休館
- 公園内は散策自由。箱館奉行所は大人500円
- 箱館奉行所は西向き。五稜郭タワーは公園の南西方向
- 北海道函館市五稜郭町44
- 函館駅前電停から市電で五稜郭公園前電停下車、徒歩約18分

堀に架かる橋を渡って、中へと入る。折れ曲がりながら続く動線から、そこが城郭であることは分かるが、特徴である正五角形の平面は、歩いていても実感できない。

奥に進んでいくと、赤い瓦屋根から望楼が突き出た建物が現れた。2010年に竹中工務店の施工で復元された箱館奉行所だ。

1867年に大政奉還が行われると奉行所は新政府の箱館府となる。しかし、戊辰戦争で旧幕府の脱走軍が北上してくると、新政府の役人は青森に撤退。旧幕軍は無人の五稜郭を占領する。

その後、新政府軍が反撃を開始。包囲攻撃にさらされると、旧幕軍はついに降伏する。1869年、五稜郭は開城したのだった。

明治期には陸軍の練兵場として使われていたが、1914年からは公園として一般に開放。現在は花見の名所として、地元の人や観光客に親しまれている。

◆西洋の城郭都市を参考に

公園の隣に建つ五稜郭タワーの展望台に登ってみよう。ここからはようやく、五角の星形

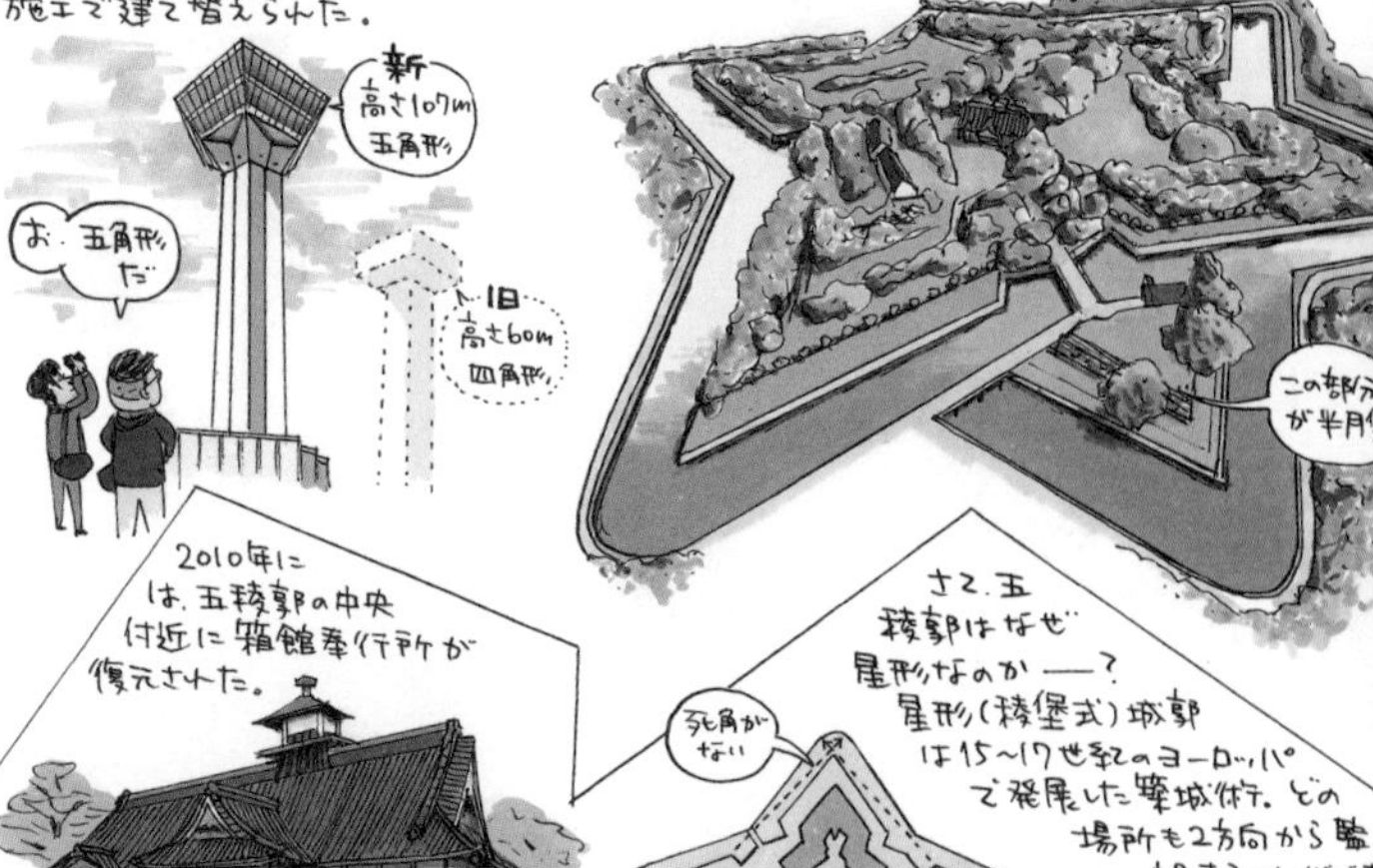
20年ぶりに訪れた五稜郭。
まずは定番、五稜郭タワーへ。
2006年に清水建設の設計・
施工で建て替えられた。
新
高さ107m
五角形
お、五角形だ
旧
高さ60m
四角形
タワーが50m近く高くなり、さらにはっきりと見えるよう
になった「星形＋半月堡」。美しいっ！
この部分が半月堡
2010年には、五稜郭の中央付近に箱館奉行所が復元された。
この奉行所、純木造の本格派。
これができたことで、かつての
五稜郭が想像しや
すくなった。
さて、五稜郭はなぜ星形なのか——？
星形（稜堡式）城郭は15〜17世紀のヨーロッパで発展した築城術。どの場所も2方向から監視することができ
十字砲火が可能。さらに半月堡を設けて防御性能を高める。鉄壁っぽいデザイン。
死角がない
十字砲火が可能
奉行所
防御力を高める半月堡
0 100m

をしたその全体像が分かる。

五角形のそれぞれの角には稜堡と呼ばれる飛び出した部分がある。これは接近する敵を銃撃するための場所だ。

さらに南西側には、半月堡と呼ばれる三角形のゾーンもある。これは隣接する稜堡や出入り口を援護射撃するためのもの。稜堡と稜堡の間に5カ所設ける予定だったが、計画の縮小により、1つだけをつくって終わってしまった。

これを設計したのは、函館にあった教育機関「諸術調所」の教授だった武田斐三郎。武田は蘭学者で、海外の諸知識に通じていた。五稜郭をつくる際には、フランスやドイツでつくられていた城郭都市を参考にしたという。

ドイツのミュンスター、ロシアのサンクトペテルブルク、イタリアのパルマノヴァなど、ヨーロッパには星形の城郭が幾つも建設されている。

それらの幾何学的な形態は、トマソ・カンパネッラ著『太陽の都』（1602年、邦訳は岩波文庫ほか）で描かれた理想都市の姿とも通じ合う。目指すべき都市のデザインともなった。

それを採り入れた五稜郭の図像は確かに美しい。しかし、その図像は高所から見下ろさな五稜郭を設計したのは“幕末のダヴィンチ”の異名を持つ、武田斐三郎（あやさぶろう）。大阪の適塾で学び、吉田松陰らと浦賀で黒船を見る。27歳のとき、箱館でペリーと会談。その後五稜郭設計の任に就く。

ちなみに武田は、国産ストーブ第1号の設計者でもある。英国船に付いていたストーブをスケッチして製作した。

そんな秀才、武田が範としたヨーロッパの星形城郭は、実は五稜郭とはだいぶ違う。例えばオランダのブルタング要塞（16世紀）はこんな感じだ。

半月堡が各方向に設けられ、堀が2重、3重に巡らされている。これは美しい！

しかし、この形式は、大砲が進化した19世紀半ばには既に時代遅れになりつつあった。

武田は星形が最先端と信じていたのか？ それとも、この「幾何学美」に魅了されたのか？

初期段階の五稜郭の設計図。全方位に半月堡が付いていたが、コストダウンで1つに。

いずれにしても、着工時わずか30歳だった武田が幕府の要人を味方に付けるのに、この幾何学美が説得材料になったのは間違いない。

五稜郭の時代遅れは箱館戦争であっけなく露呈する。海上から直接、砲弾を打ち込まれてしまったのだ…。

しかし、武田が美しさを重視したことは、長い目で見れば正解だった。150年たった今も、こんなに観光客が訪れるのだから。

ければ見えないものだ。さらに言えば、城郭のつくり方としては、建設された時点で既に古かったという。小銃での戦いに対応した形式であり、大砲での攻撃には耐えられないものだからだ。

設計者の武田はそのことを知らなかったのか。いや、分かっていたけれど、つくりたかったのではないか。幾何学的な人工都市のデザインに、武田は建築家として魅せられてしまったのだ。

それにしても、なぜそれは五角形だったのか。

城郭にはリール（フランス）やハカ（スペイン）など、五角形のものもあるが、サンクトペテルブルクは六角形だし、パルマノヴァは九角形だ。武田が五角形を選んだのは、何か理由があるはずだ。

◆世界と向き合う「国家」の形

それは一般的には、城としての機能から説明される。攻めてくる敵を、両側から挟んで攻撃するのに最も適した平面形が五角形だというのだ。本当にそれだけの理由だろうか。

これを考えるために、20世紀に建てられた2つの建築を思い出してみよう。

1つは米国・国防総省の本部庁舎、通称「ペンタゴン」である。ジェームズ・キャロル著『戦争の家――ペンタゴン』（2006年、邦訳は緑風出版）によれば、第2次世界大戦のさなかに計画された建物は、当初想定された敷地の形に合わせて五角形の平面が採られた。その後の敷地変更で、五角形にする必然性は失われたにもかかわらず、設計者のジョージ・バーグストロームは、平面形をさらに幾何学的に整えた正五角形にして、これを実現させたのだという。

もう1つは1970年、大阪万博でつくられた日本館（設計：日建設計）である。5つの円筒で構成されたパビリオンは、上から見たときに正五角形を成すように配置されていた。

こうした事例から推測できるのは、国家が世界と対峙する事態に、国家の表徴として選ばれるのが正五角形であるということだ。

五稜郭は、日本が海外からの脅威にさらされ、鎖国が終わったときに、その代わりのようにして内側につくられた閉じた領域だった。そこには、1つのあり得べき小さな国家のイメージが投影されている。北の国に生まれた幕末のユートピア。それが五稜郭なのである。

南西側から転車台越しに機関車庫3号を見る

明治時代

12 手宮機関車庫

じっくりと見たい

小樽市
明治18年

小樽市総合博物館にある旧手宮駅の遺構。手宮駅は明治13年(1880年)、北海道で最初に開通した幌内鉄道の西の起点で、幌内炭鉱からの石炭積み出しが行われた。現存最古の機関車庫である機関車庫3号は、平井晴二郎の設計で明治18年竣工。車庫の前にある転車台は大正8年、横河橋梁製作所で製造された。今も動く。

形態は軌道に従う

北海道小樽市。町の中心部に運河があって、江戸時代の北前船の時代から海運で栄えた町の印象が強いが、実は小樽は鉄道の歴史から見ても重要な町である。

北海道で最初に敷かれた鉄道は、幌内炭鉱から石炭を船で積み出すための官営幌内鉄道で、全線が開通したのは1882年。その終着駅となったのが小樽の手宮駅だった。

手宮駅は1985年に廃止されるが、使われなくなった駅の敷地は小樽市総合博物館と

指定　重要文化財

建設時期　機関車庫3号は1885年（明治18年）、機関車庫1号は1908年（明治41年）

設計者　平井晴二郎（機関車庫3号）

機関車庫は4月下旬〜11月上旬のみ公開。9：30〜17：00。博物館は冬季も営業。休館日は火曜日（祝日の場合は翌日）、12月29日〜1月3日

大人400円（冬季300円）

機関車庫3号は南西向き。2棟の機関車庫と転車台は博物館のテラスからも一望できる

北海道小樽市手宮1-3-6

JR小樽駅前から高島3丁目経由小樽水族館行きバスで総合博物館下車。または小樽水族館行きバスで手宮下車

なっている。その敷地の一角に、重要文化財の旧手宮鉄道施設がある。

中心に位置するのは転車台だ。転車台とは鉄道車両の向きを変える装置で、桁部を回転させることでそれを行う。かつてはそれぞれの主要駅にあったが、蒸気機関車が姿を消すにつれて、数を減らしていった。

小樽市総合博物館には南側にもう1つ転車台があるが、そちらは小樽築港機関区から移設したもの。一方、中央の転車台はもともとこの場所にあったもので、現存する装置は1919年に横河橋梁製作所が製造したものだという。

転車台に面して出入り口を設けた機関車庫が2棟ある。同様の施設としては、京都の梅小路機関区の機関車庫（1914年竣工、現在は京都鉄道博物館）がよく知られるが、あちらは鉄筋コンクリート造。こちらはともにレンガ造で、築年も古い。

特に小さい方の機関車庫3号は1885年の竣工で、現存する日本最古の機関車庫だ。一方、大きい方の機関車庫1号は1908年に竣工。ただし、左側3スパン分は1996年に復元されたものである。

なお、車庫は内部も公開されており、ロータリー車やマックレー車など、珍しい雪かき車

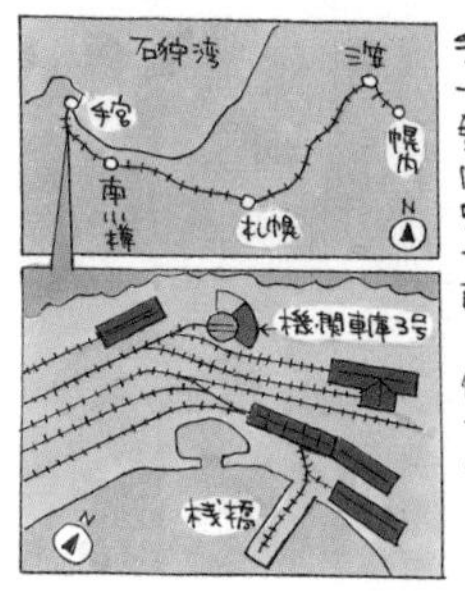

手宮停車場は1880年、札幌一手宮間で開通した「幌内鉄道」の西の起点。82年に札幌から幌内まで線路が延び、幌内の石炭を手宮桟橋から海上輸送できるようになった。

停車場内に設けられた機関車庫は、転車台で車体の向きを変えて収納し、メンテナンスするためのものだ。

建築的な見所は、機関車庫3号の造形。弓形の平面にアーチ状の屋根が載っている。しかも、越屋根付き。これは簡単そうで難しい!

◀波板屋根の納まりがざっくりしていて笑える。

が展示されている。ただし、冬季は閉鎖されるので見に行くときには注意しよう。

◆機能主義の先駆け

さて転車台の周囲に建てられたこうした車庫を、その平面形から扇形庫と呼ぶ。最初の扇形庫は、英国のダービーで1839年につくられたといわれるが、扇形の平面を採った建築はそれ以前にもつくられてきている。例えばローマのサンピエトロ寺院のコロネード（17世紀）がそうだし、古代のギリシャ、ローマの円形劇場や闘技場はスタンド部分を取り出せば扇形だ。中国では扇形を連続させていってリング状にした集合住宅の福建土楼が有名である。

日本ではどうだろう。古い建築を思い返しても、法隆寺の夢殿や根来寺の多宝塔など、八角形や円形の平面を採った建築はあるが、中心が建物の外側にあるような扇形の建物は思い浮かばない。山形の済生館（132ページ）は1階が中庭を囲んだリング状の平面になっているが、これも明治時代になってからの建物である。つまり日本には扇形の建築は伝統的に存在しなかった。

それがどうして手宮駅の機関車庫で生まれたのか。鉄道車両を回転させる転車台は当然、

← 断面はこんな感じ。これが放射状に広がる。
CADもBIMもない時代に、よくこんな形つくろうと思ったなぁ。

木造の架構が弓形に連続するさまは、高知の牧野富太郎記念館をほうふつとさせる。

設計：内藤廣
1999年竣工 ▶

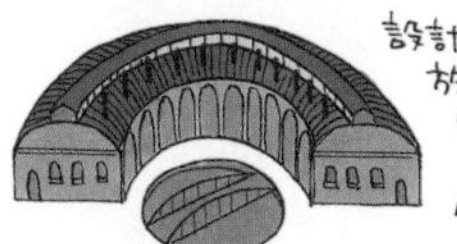

設計者の平井晴二郎は、この形を放射状に連続させたかったはず。しかし、数年後、木造車庫が増築され…

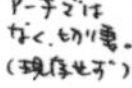

さらに、十数年後、現車庫1号が増築された。

思惑通りに進まないもどかしさ。それも含めて「建築」なのだ。

機関車庫1号は、レンガ造ではあるものの、屋根の形は片流れに変更された。これは、雪を転車台側に落とさないためだ。そりゃそうだ。

でも、平井だってそんなことくらい分かっていたはず。それでも"いかにも西洋っぽい"アーチがどうしても実現したかったのだろう。

設計者の当初の意をくんで、1号－3号の間もガラス屋根でつないでほしい！ BIMの力の見せ所では？

ひねりッ！

円形の平面となる。そこから延びる線路軌道は放射状に広がるので、それを覆う建物は自然に扇形の平面になる。海外の鉄道施設を参考にしながらも、そうした機能上の理由から、扇形という形は選ばれたのだ。

「形態は機能に従う」――。

建築におけるモダニズムの理念を表したものとして有名なこの言葉は、米国の建築家ルイス・サリヴァンが言ったとされる。しかし、その機能主義の考え方が明解に伝わるのは、装飾がまだまだ多いサリヴァンのオフィスビルよりも、ドイツの建築家フーゴー・ヘーリングの作品だろう。代表作のガルカウ農場（竣工1922～25年）は、牛のエサやりを合理的に行うために馬てい形の不思議な平面を採った建物だ。

そうした先鋭的な機能主義の建築の先駆けとして、扇形庫は位置付けるべきものだろう。「形態は軌道に従う」のである。

◆自在にスタイルを切り替える

旧手宮駅の機関車庫3号を設計した平井晴二郎は、開成学校を卒業後、第1回の文部省留学生として米国のレンセラー工科大学で学んだエリートだ。

帰国後は北海道開拓使に勤め、技術官僚として鉄道建設の任を担った。後に鉄道院（日本国有鉄道、ＪＲグループの前身）が発足する際には、後藤新平総裁の下で副総裁となり、また貴族院議員も務めている。

興味深いのは、平井は一方で北海道庁の赤レンガ庁舎（１８８８年竣工）の設計も担当していること。こちらはネオ・バロックの堂々たる様式建築で、機関車庫の機能主義とは正反対のデザインなのである。

土木と建築、技術者と官僚。異なる道を、平井は自分の中に転車台を備えているかのように、切り替えながら進んでいった。そして建築家としては、様式建築と機能主義を自在に使い分けたのである。

どちらが先というわけではなく、新しい建築スタイルが同時に押し寄せ、それが一気に花開いていく。それが明治期の日本建築界の状況だった。レンガ造の扇形庫と、その設計者について調べていくうちに、そんなことを考えた。

北西から見た外観

13

明治時代

ちらりとでも見たい

日本銀行旧小樽支店

小樽市
明治45年

「北のウォール街」と呼ばれた小樽の金融街の中心的施設。辰野金吾、長野宇平治、岡田信一郎という錚々（そうそう）たる面々が設計を担当した。外観にはルネサンス様式を取り入れ、屋根には5つのドームを配し、外壁はレンガの表面にモルタルを塗って石造り風に仕上げた。2003年に「金融資料館」となり、無料公開されている。

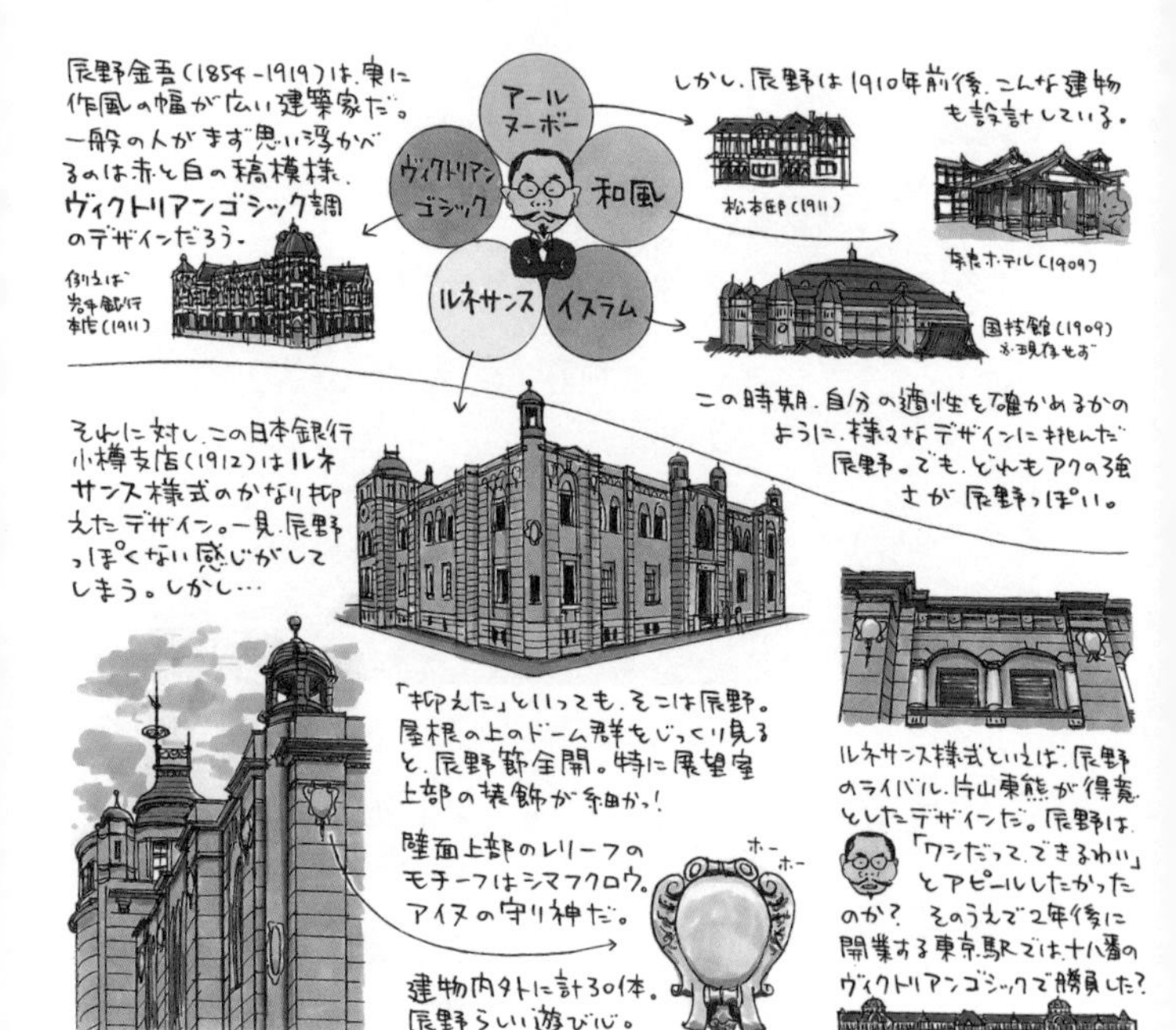

あえて「辰野色」をセーブ？

指定 小樽市指定有形文化財

建設時期 1912年（明治45年）

設計者 辰野金吾、長野宇平治、岡田信一郎

- 4月～11月は9：30～17：00（入館は16：30まで）、12月～3月は10：00～17：00（入館は16：30まで）、水曜日（祝日の場合は翌日）、12月29日～1月5日は休館
- 無料
- 正面入り口は北向き
- 北海道小樽市色内1-11-16
- JR小樽駅から徒歩10分

東から見た外観

明治時代

ちらりとでも見たい

旧函館区公会堂

函館市
明治43年

函館港を見下ろす高台に建つ。左右対称のコロニアルスタイルで、水色と黄色の対比が鮮烈だ。函館は明治40年(1907年)の大火で西部市街地のほとんどを焼き尽くした。この公会堂は豪商・相馬哲平の資金提供により、復興の象徴として計画され、明治43年に竣工。翌年には皇太子時代の大正天皇が宿舎として使用した。

14

函館港を見下ろす高台の上に立つ旧函館区公会堂。水色と黄色の対比が遠目にも鮮やか。

1907年の大火で焼失した町会所の代替施設として、函館の豪商、相馬哲平の寄附により、1910年に完成した。

連続する三角屋根、2階に大きく張り出すバルコニーなど"イメージの中の洋館"そのもの。

小西朝次郎(函館区役所土木課)の設計、村木甚三郎の施工による典型的な「擬洋風」。破風飾りには、唐草模様があしらわれている。

バルコニーの柱飾りも黄色と水色に塗り分けられ、和柄のよう。

◀2階大広間

バルコニー▶

▼1階手摺り

この施設、重要文化財でありながら、今も市民の音楽活動などに頻繁に使われている。「現役」ならではのイキイキ感。

もうひとつ感心したのは、「ハイカラ衣裳館」というサービス。レンタルドレス1000円、メイク料1000円で、気分は「風と共に去りぬ」。

カメラマンはおらず、自分のカメラで撮る。館内は撮影自由。その結果、建物内のあちこちにドレス姿のご婦人や少女たちが出没し、それが建物のイキイキ感も増幅させる。Good Idea!

これぞ「イメージの洋館」

指定	重要文化財
建設時期	1910年(明治43年)
設計者	小西朝次郎(函館区役所土木課)

- 保存修理工事のため、2018年10月～2021年4月ごろまで休館中。9：00～19：00(11月～3月は17：00まで)。12月31日～1月3日は休館
- ¥ 大人300円
- 入り口は北東向き
- 北海道函館市元町11-13
- 函館駅前電停から市電で末広町電停下車、徒歩7分

舎房及び中央見張所（写真：網走監獄）

明治時代

じっくりと見たい

15

旧網走監獄 舎房及び中央見張所

網走市
明治45年

明治45年（1912年）から昭和59年（1984年）まで70年以上にわたり、網走刑務所で実際に使用された獄舎。中央見張所から45度ごとに、切妻の舎房5棟が放射状に広がる。昭和60年に博物館網走監獄に移築された。博物館網走監獄は、網走刑務所の旧建造物を保存公開する野外博物館。

内部に広がる外部

網走駅からバスに乗って西へ。走りだして間もなく、川の向こうに網走刑務所のレンガ塀が見えてくる。が、今回はここでは降りない。さらに5分ほど過ぎると、バスは網走湖沿いの道を山の方へと折れていき、目的地の博物館網走監獄に達する。

この施設は1890年（明治23年）から続く網走刑務所の古い建物を移築して、展示公開している野外博物館だ。東京ドーム3・5倍ほどの広さの敷地に、庁舎、門、教誨堂、独居

指定 重要文化財
建設時期 1912年（明治45年）
設計者 司法省

9：00～17：00
（入館は閉館の1時間前まで）季節により変動あり
大人1100円
舎房及び中央見張所の入り口は北西向き
北海道網走市字呼人1-1
JR網走駅から約4km、徒歩で約40分程度。網走市内観光施設めぐり線バスで博物館網走監獄で下車（季節運行）

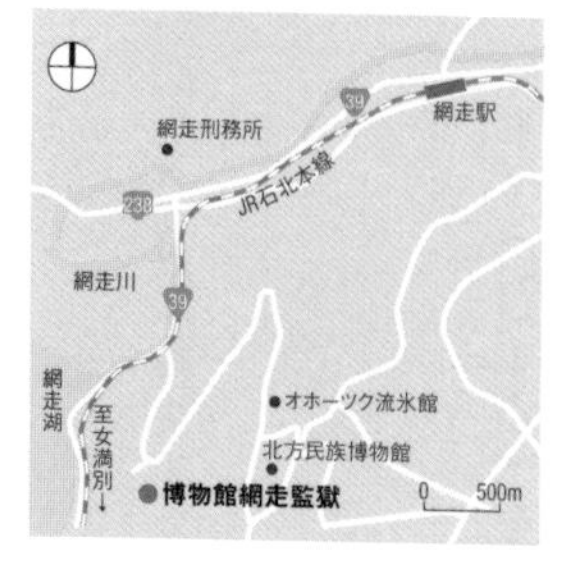

房、浴場など、再現構築されたものを含めると、20以上の建物がある。

なかでも興味深いのが、重要文化財である舎房及び中央見張所だ。火災で失われた舎房を1912年（明治45年）に建て直したもので、木造平屋の舎房が放射状に延びていく平面が大きな特徴。ベルギーのルーヴァン監獄（1864年竣工）がモデルとされている。玄関を入ってすぐの見張り所からは、5方向に延びる舎房の通路がすべて見通せて圧巻だ。

監獄建築の形式といえば、英国の哲学者、ジェレミー・ベンサムが考案したとされるパノプティコンが有名だ。これは一望監視装置とも呼ばれ、円形平面の外周部に囚人の部屋が並び、吹き抜けの中心に監視塔が立っているというもの。囚人は常に監視され、実際には監視されていなくても監視者の視線を気にせざるを得なくなるという。

網走監獄の平面は、それぞれの部屋を直視するのではなく、部屋が面する通路を監視する方式だが、考え方は共通している。

◆むき出しの合理主義

放射状に類した建物平面については、この本では既に小樽の手宮機関車庫（84ページ）を

網走刑務所といえば映画「網走番外地」だ。ここを出所した人は皆、高倉健のように口が重くなってしまう――。そんな過酷な環境が頭に浮かぶ。実際はどうだったのか。明治期の施設を移築展示した博物館「網走監獄」も訪ねた。

再現された「鏡橋」を渡って、駐車場から正門へ。実際の網走刑務所も、脱獄防止のため、網走川を橋で渡った場所につくられた。

正門(再現)はレンガ積み。入所者の心を折るような寒々しいデザインかと思いきや、まるでテーマパークのような丸っこいデザイン。

おお、こんなにトップライトが…

←まずは、施設の核となる「五翼放射状平屋舎房」※へ。初期の獄舎が1909年に火災で焼失した3年後に完成。1984年まで72年間使われた。見張り部屋を中心として、中廊下の棟が5本、放射状に延びる。

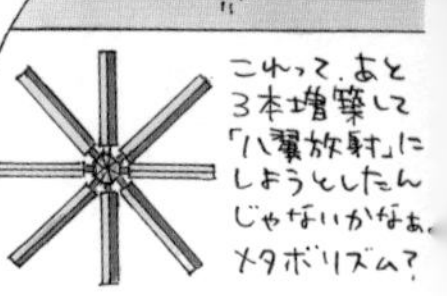

これって、あと3本増築して「八翼放射」にしようとしたんじゃないかなぁ。メタボリズム？

※現在は「舎房及び中央見張所」

取り上げたときに触れた。あの車庫では、回転する転車台から延びていく線路の形から平面が導き出されていたが、網走監獄では大量の囚人を少人数で監視するためのシステムとして建築がつくられている。

明治という時代には、新しい技術や社会制度に対応する施設が、こうしたむき出しの合理主義によって設計されていたことが分かる。

放射状に棟を延ばした平面は、監獄以外にも様々な施設に採り入れられた。例を挙げれば、山田守の設計による東京厚生年金病院（1953年、現存しない）、同じく山田守が設計した東海大学湘南キャンパス1号館（1963年）、ホテルニューオータニ（大成建設、1964年）などがそうだ。

最近の建物で似たものがないのかと考えたが、なかなか思い浮かばない。せいぜい宇都宮美術館（設計：岡田新一設計事務所、1996年）ぐらいか。ハッキリとした中心があって、そこから階層的に周縁へと広がっていくような組織やシステムは時代に合わないし、建築もまたしかり、ということかもしれない。刑務所も同様で、現在の網走刑務所は、平行に配置された棟を直交する通路がつなぐ形となっている。

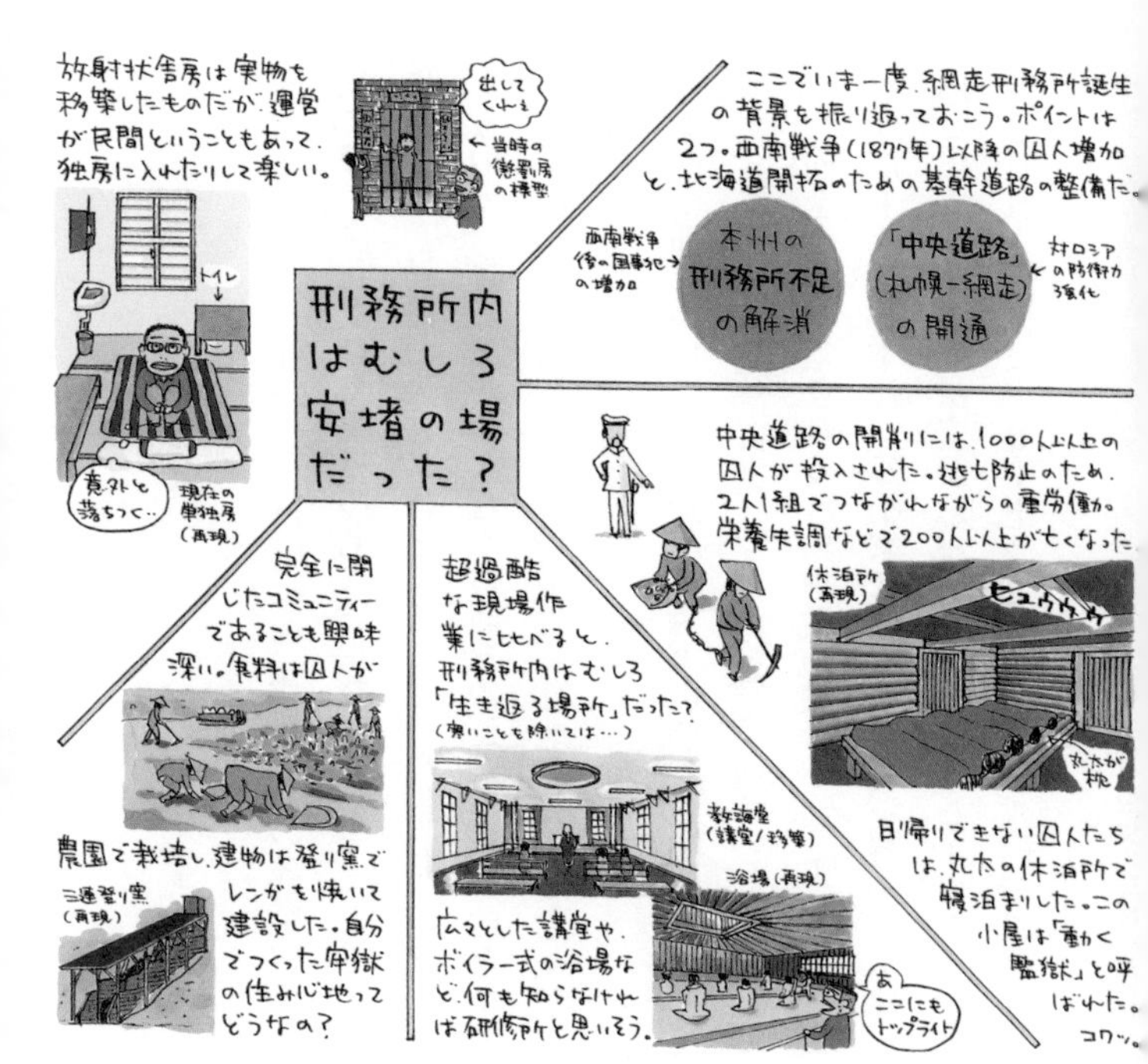
刑務所内はむしろ安堵の場だった？
放射状舎房は実物を移築したものだが、運営が民間ということもあって、独房に入れたりして楽しい。
出してくれ～
←当時の懲罰房の模型
トイレ
意外と落ちつく…
現在の単独房（再現）
ここでいま一度、網走刑務所誕生の背景を振り返っておこう。ポイントは2つ。西南戦争（1877年）以降の囚人増加と、北海道開拓のための基幹道路の整備だ。
西南戦争後の国事犯の増加→
本州の刑務所不足の解消
「中央道路」（札幌－網走）の開通
対ロシアの防衛力強化
中央道路の開削には、1000人以上の囚人が投入された。逃亡防止のため、2人1組でつながれながらの重労働。栄養失調などで200人以上が亡くなった。
休泊所（再現）
ヒュウウウウ
丸太が枕
日帰りできない囚人たちは、丸太の休泊所で寝泊まりした。この小屋は「動く監獄」と呼ばれた。
コワッ。
完全に閉じたコミュニティーであることも興味深い。食料は囚人が
農園で栽培し、建物は登り窯でレンガも焼いて建設した。自分でつくった牢獄の住み心地ってどうなの？
三連登り窯（再現）
超過酷な現場作業に比べると、刑務所内はむしろ「生き返る場所」だった？
（寒いことを除いては…）
教誨堂（講堂／移築）
浴場（再現）
広々とした講堂や、ボイラー式の浴場など、何も知らなければ研修所と思いそう。
あ ここにもトップライト

◆監獄とショッピングモールの共通点

さて舎房の奥へと入っていこう。長い通路の両側に囚人の部屋が並んでいる。見上げると、吉村昭『破獄』で小説化された脱獄の名人、白鳥由栄のマネキンが飾ってあった。空間の印象は、意外に明るい。通路の天井にはところどころにトップライトが設けられており、天井高も十分にあるので、自然光がふんだんに回るのだ。半屋外的な空間である。

通路を歩きながら、同じような空間をつい最近、体験したような気がした。どこだっただろう？

監獄内部の屋外的な空間については、建築評論家の長谷川堯も着目している。

「（獄舎の）すべての構成は、日常の場合のように外に向かって開くのではなく、反対に、内にむかって開く性向を余儀なくされる」（「神殿か獄舎か」、1972年）

この評論が書かれた1970年代、建築家は同様の構成を持った戸建て住宅をつくっていた。原広司の自邸（1974年）や安藤忠雄の住吉の長屋（1976年）などがそれに当たる。外側は壁で閉じられ、内側に中庭やトップライトのある廊下を設けて、そちらに向けて部屋を配置した住宅だ。

こうした極端に閉鎖的な住宅のデザインは、80年代以降は下火になる。替わって現れるのが、ショッピングモールである。

その建築的特徴は、吹き抜け状の半屋外的な空間が通り、その両側に同じ間口の店舗が並んでいるというもの。外観は単純な箱でしかない。

近年、人の出入りを厳格に管理してセキュリティーを高めた住宅地がゲイテッド（塀で囲まれた）・コミュニティーと呼ばれ、防犯性の高さから人気を集めているが、ショッピングモールも、自動車がないと来られない郊外に立地し、入り口のところで人の出入りをコントロールする〝ゲイテッド〟な施設である。そして監獄もまた、究極のゲイテッド建築にほかならない。

網走監獄で味わった既視感は、ショッピングモールでの空間体験にあったようだ。家族が週末を安全に楽しく過ごす場所としてつくられた施設が図らずも監獄に似てきてしまうことに、建築というものの不思議さを改めて感じた。

column

ブルーノ・タウト

1880〜1938年

若き日はサイケ志向

日本を訪れて桂離宮を発見し、その美しさを広めたとされるタウトは、評論家かジャーナリストのように思われてるフシがあるが、れっきとした建築家である。

タウトは1880年、ドイツ生まれ。ただし生地のケーニヒスベルクは現在、ロシア領のカリーニングラードという都市になっている。

影響を受けたのが、作家のパウル・シェーアバルト。「空はすみれ色だった。星は緑色だった。そして太陽もまた緑色だった」と書き出される『小遊星物語』など、その作品には幻惑的な感覚があふれ、それがタウトの初期作であるガラス・パビリオン（1914年）にもストレートに反映している。1960年代のサイケデリック・カルチャーとも通じるセンスだろう。

ドイツでナチが台頭すると、左翼的な思想を持っていたタウトは追い出されるようにして日本へ。群馬県の高崎に居を構え、工芸作品の制作を行う。また、日本各地を巡ってその記録を、『ニッポン』『日本美の再発見』などの著作に残している。『ニッポン』では、桂離宮を称賛する一方で、日光東照宮を酷評したりもした。

異国の地で歓迎を受けたタウトだったが、建築を設計できたのは熱海にある日向別邸の地下室離れ（1936年）のみ。早稲田大学の教師になる話や高崎で建築学校を設立する構想もあったが、実現しなかった。タウトにとっては不遇の時代だっただろう。3年余り滞在した後、トルコのアタチュルク大統領から招へいされると、日本を発つのであった。

Part.
3

東北

大型竪穴住居跡越しに大型掘立柱建物跡を見る

先史時代

ちらりとでも見たい

三内丸山遺跡 16

青森市
縄文時代前期〜中期

日本最大級の縄文集落跡。
１９９２年からの発掘調査により、
大型竪穴住居跡や大型掘立柱建物跡、
道路跡などが見つかり、この地で長期にわたり
定住生活が営まれていたことが判明した。
遺跡のシンボルともなっている
大型掘立柱建物跡は、直径約２ｍの柱穴の遺構。
６つの穴にクリの巨木を埋め、
長方形の高床建物を建設したと考えられている。

縄文時代前〜中期の住居跡、三内丸山遺跡。

そのシンボルとなっている6本柱の塔。柱穴は直径・深さとも約2m。中に、クリの柱が残った状態で発掘された。クリの木を立てただけの「トーテムポール」説もあるが、柱穴の規則性から「巨大掘立(ほったて)柱建物」説が有力だ。

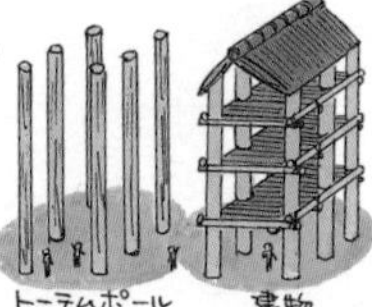

でも、建物であったとしても、こんな太い梁をどうやって3層や屋根まで持ち上げたのかなあ。復元の際に、「縄文人のデザインセンスはこの程度」という思い込みがありはしないか？

大型竪穴住居も建築好きにはとても興味深い。復元案では、1ルームの共同生活が想定されている。

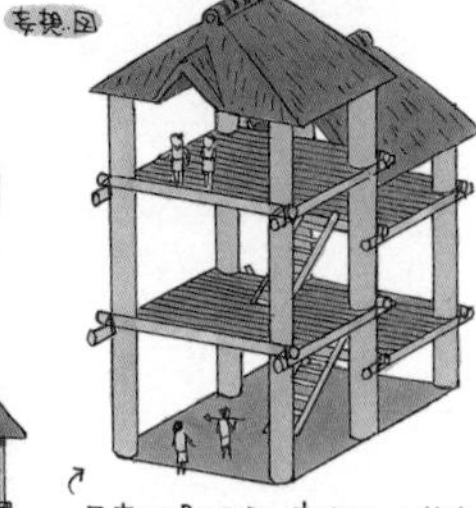

妄想図

でも、縄文人とはいえ、そんなプライバシーのない状態で生活するかなあ…。ここまでの技術があれば、長屋のメゾネットにするのでは？

スキップフロアの方がつくりやすいし、日常の上り下りも便利そう。

古代遺跡は自分なりの復元案を考えてこそ面白い！

縄文の建築力をあなどるな

指定 特別史跡

建設時期 約5500年前〜4000年前（縄文時代）

設計者 不詳

- 9：00〜17：00（6月〜9月は18：00まで。入場はいずれも30分前まで）。毎月第4月曜日、12月30日〜1月1日は休館
- 遺跡を含む常設展の観覧料 一般410円
- 周囲に遮るものなし
- 青森市大字三内字丸山305
- JR青森駅から車で約20分。市営バスで三内丸山遺跡下車。JR新青森駅から車で約10分

左が万座環状列石。右が野中堂環状列石（航空写真：大湯ストーンサークル館）

先史時代

じっくりと見たい

17 大湯環状列石

秋田県鹿角市
縄文時代後期

縄文時代後期（約４０００年前）の遺跡。
遺跡の中心には直径約52ｍと「万座環状列石」と、
直径約44ｍの「野中堂環状列石」の２つがある。
いずれも１００基以上の遺構の集合体で、
外帯・内帯とよばれる
二重の環状で構成されている。
環状列石の周囲には、
貯蔵穴や柱穴なども多数見つかっている。

双子のリング

盛岡駅から、いわて銀河鉄道、JR花輪線を乗り継いで2時間あまり。十和田南駅に着くと、ホームの脇にはストーンサークルの小さなレプリカがあった。環状列石が地域のシンボルになっていることがうかがえる。

そこからタクシーで15分ほどで大湯ストーンサークル館に到着。館の職員と一緒に、すぐ隣の環状列石を見て回った。

指定 特別史跡
建設時期 約4000年前（縄文時代後期）
設計者 不詳

- 4月～10月は9：00～18：00、無休。11月～3月は16：00まで、月曜休館
- 環状列石の見学は無料。大湯ストーンサークル館は大人320円
- 周囲に遮るものなし。ただし円形をフレームに入れるのは至難
- 秋田県鹿角市十和田大湯字万座45
- JR鹿角花輪駅からバスで大湯温泉行き環状列石前下車。JR十和田南駅から車で約15分

1931年に発見されたこの遺跡は、縄文時代後期、約4000年ほど前のものとされている。

公道を挟んで2つの環状列石が並ぶ。東側が野中堂環状列石、西側が万座環状列石である。2つのリングを直線で結んで西に延ばすと、夏至の日没方向を指し示すことが知られている。

リングの直径は野中堂が約44m、万座が約52m。いずれも平らな地面に広がっているので、近づいても全体像がよく分からない。万座の方にはすぐ脇に見晴台が設けられているので、そこに登るとようやく「円らしい」ということが分かるくらいである。

近寄って見るとリングは、小さな石をまとめた配石がいくつもつながってできていることが分かる。はっきりとした規則性は判読できないが、それぞれに柱状の石が立っているようである。それとは別に、外側の輪と内側の輪の間、中心から北西の方角に「日時計状組石」と呼ばれるものが置かれている。その真ん中にもやはり柱状の石が立つ。万座の周囲には掘立柱の建物が復元され、これらも同心円状に配置されている。

環状列石とは何だったのか。発掘調査により、配石の1つひとつが墓であり全体で集団墓

関東
北海道
東北
中部

今回、大湯環状列石を訪ねようと思ったのは、世界のストーンサークルを見て回っている藤森照信氏がこんなことを言っていたからだ。
大湯環状列石は世界の名だたるストーンサークルにもひけをとらないぞ
がははは
へー それは見てみたいですね
ストーンサークルといえばイギリスの「ストーンヘンジ」くらいしか知らなかったが……
シブるイソさんを説得して見に行くことにした。
ストーンサークルって何か書くことあるの？
行けば何とかなりますよ
大湯環状列石があるのは、秋田県の鹿角市。
電車だと東京から5時間。東北自動車道から近いので、車がオススメ。
青森
八戸
新幹線
秋田
盛岡
最寄駅の十和田南駅で電車を降りると、駅構内にストーンサークルが…。
お
もちろん、現代人がつくったものです。
本物の環状列石は広大な芝生広場の中に、ごく普通にあった。貴重な縄文の遺跡なのに、入場無料！
おお、確かに環状
こんなロープだけで大丈夫なの？
実は、もっと大きな石も想像していたので、ちょっぴり肩すかし気分。
意外と小さいのね

になっていることが判明している。また、葬送や祭祀（さいし）の儀式を行った施設でもあったらしい。これらに使われている緑色の石は、全て4㎞以上も離れた安久谷（あくや）川の川原から運ばれてきたものだという。縄文人がものすごい労力をかけ、強烈な意図と意志を持って、これをつくったことは間違いない。

◆日本の建築のルーツ？

石をリング状に並べて配置した古代遺跡を総称して「ストーンサークル」と呼ぶ。日本では、大湯のほか、小樽市の忍路環状列石や北秋田市の伊勢堂岱遺跡など、北海道・北東北地方に多くある。同様のものは世界の各地にもあり、英国のストーンヘンジや、アフリカのセネガンビア地域の環状列石は、世界遺産に認定されている。

それらはいずれも重い石を別の場所から動かし、横に寝ている状態から縦に起こしている。配置には意図があり、天に向かって伸びる立石の垂直性が見る者に崇高な感情を湧かせる。建築史家で建築家でもある藤森照信は、こうした遺跡群を、人類にとって「建築の起源」であると捉えて、高く評価している。

この石はもともとこの場所にはなく、4km以上離れた安久谷川から縄文人たちが運んだと聞けば、この大きさが限界か、と納得。

石の重さは平均30kg。重いもので200kg！

藤森氏は「寝ている石を立てたのが建築の起源」と言っていたが、自分の背丈より小さいものに「建築っぽさ」は感じられなかった。

これって建築？

それよりも、列石の脇にある、5本柱の柱跡の方が、建築好きには気になる。

こっちももっと研究してほしい…

いや、「建築」にとらわれすぎると、本質を見失う。邪心なしで見れば、この大湯環状列石の魅力は、配置の"宇宙性"だろう。大きな円の軌道上に、複数の小さな円──。

これはまぎれもなく、太陽系！

でも、その大きな円が2つあるってどういうこと？

万座環状列石
野中堂環状列石
これって、もしや…
※一般の人は、サークル内立入禁止です。
2つの環状列石に込めた、無限の宇宙
銀河系の一部であることを示しているのでは…。だとしたらすごいぞ、縄文人!!
限られた空間の中に、無限の距離と時間を織り込む──。これってポストモダン的な発想。そういう意味では、やっぱりこれは「建築」??

海外の有名なストーンサークルの石は巨大だ。例えばストーンヘンジの立石は、高さが5mもある。一方、大湯の環状列石の立石は、高さがせいぜい1m。これは建築のルーツとして捉えるには、あまりにも小さい。

しかし日本の建築は、小さいことをその特質としてきた歴史がある。かつては茶室という世界最小のビルディングタイプを生み、現代でも狭小住宅のデザインを名だたる建築家たちが手掛けている。以前はウサギ小屋とバカにされた日本の小住宅も、最近では海外の建築界から注目され、それをまねたような住宅作品が海外にも生まれるようになった。

こうした日本の小建築のルーツが、この小さな石のストーンサークルなのかもしれない。

◆円は資本主義の永続性のシンボルか？

大湯環状列石を訪れて感じたのは、ここの面白さは2つのリングが近接して並んでいる点にあるということだ。そして、それらは大きさといい、構成といいほぼ同じものをコピーしてつくったかのように見える。あたかも、鏡の前にものを置いたかのようである。

そもそも円というのは求心性の高い図像だ。ここではこれを重ねて同心円とすることにより、1つの中心を強調している。しかしこのストーンサークルをつくった縄文人たちは、同じものを2つつくって並べてしまった。中心は中心であるままに円は2つに分裂した。どちらがオリジナルとももはやいえない。2つの円形は、互いが互いをまねているかのように、存在しているのである。

こうした並び立つ建築の例を、私たちは幾つか知っている。例えば伊勢神宮（150ページ）。そこでは、建築を隣り合う敷地に交互に建てることによって、それを永続させている。あるいはニューヨークにかつてあったワールド・トレード・センター（設計：ミノル・ヤマサキ、1973年竣工）。フランスの思想家ジャン・ボードリヤールは著書『象徴交換と死』（1976年、邦訳はちくま学芸文庫）で、競争することもなくただ向かい合う2棟のスカイスクレーパーを、資本主義が自閉的に完成してしまった姿と評した。つまり、資本主義の永続性のシンボルというわけだ。

大湯環状列石の双子のリングも、そうした建築の始まりのない永続性を示す記号として我々の前に示されている。

金色堂の正面外観（イラスト）

平安時代

じっくりと見たい

18 中尊寺金色堂

岩手県平泉町
平安時代後期

金色堂は奥州藤原氏の初代、
藤原清衡（きよひら）が1124年に建設したとされる。
金箔で覆われ「皆金色」とも称される
金色堂の内陣部分は、夜光貝の螺鈿（らでん）細工や象牙、
宝石によって繊細に飾られている。
夜光貝は南洋の海からシルクロードを渡って
運ばれた。須弥壇（しゅみだん）には清衡、
二代基衡、三代秀衡、四代泰衡がまつられている。

境界線上の御堂

JRの平泉駅（岩手県平泉町）を降りて、歩き始める。ビルや住宅が間隔を空けて建ち、背後に山が間近に迫っている感じは、東京近郊の新興住宅地を歩いているような感覚だ。そういえばここは、中世に開発されたニュータウンだったな、と思い至る。

平泉の歴史は、12世紀の初めに奥州の豪族、藤原清衡が江刺（岩手県中南部）から拠点を移してきたことに始まる。その子孫の基衡、秀衡、泰衡と続く奥州藤原氏が寺院、庭園、庁

指定　世界遺産、国宝
建設時期　1124年に上棟
設計者　不詳

8：30～17：00（11月4日～2月末日は16：30まで）
大人800円
撮影不可
岩手県西磐井郡平泉町平泉衣関202
JR平泉駅から中尊寺月見坂入口まで徒歩約25分

舎などを築き、京都からはるかに離れたこの地で、見事な文化の華を開かせた。

しかしそれも、源頼朝によって平泉が征伐されるとともに終わってしまう。その期間はわずか100年ほどだ。

平泉が都市として築かれて、その最初期に建立された寺院が中尊寺だ。国道4号線から分かれる尾根道の坂を上っていくと、次第にぽつりぽつりと伽藍（がらん）が現れてくる。中でも一番立派なのは1909年に建てられた本堂で、2012年の春に耐震改修工事を終えたばかりだ。

本堂を過ぎてさらに奥へと進むと、中尊寺の宝物を展示した讃衡蔵（さんこうぞう）という建物がある。ここで拝観料金を払って、いよいよ金色堂へと向かう。中尊寺で唯一の、創建当初から残る建物だ。

緩やかな石段を上がった先の右手に、光を受けて輝く建物が見える。正面からではなく斜め下から見上げるアプローチが絶妙だ。外から見えるこの建物は、金色堂ではなく、鉄筋コンクリート造の覆堂（おおいどう）（設計：山下寿郎設計事務所）である。入り口は奥にあり、そこから入ると、中にガラスのケースに収められた建物が金色に輝いていた。これが金色堂だ。

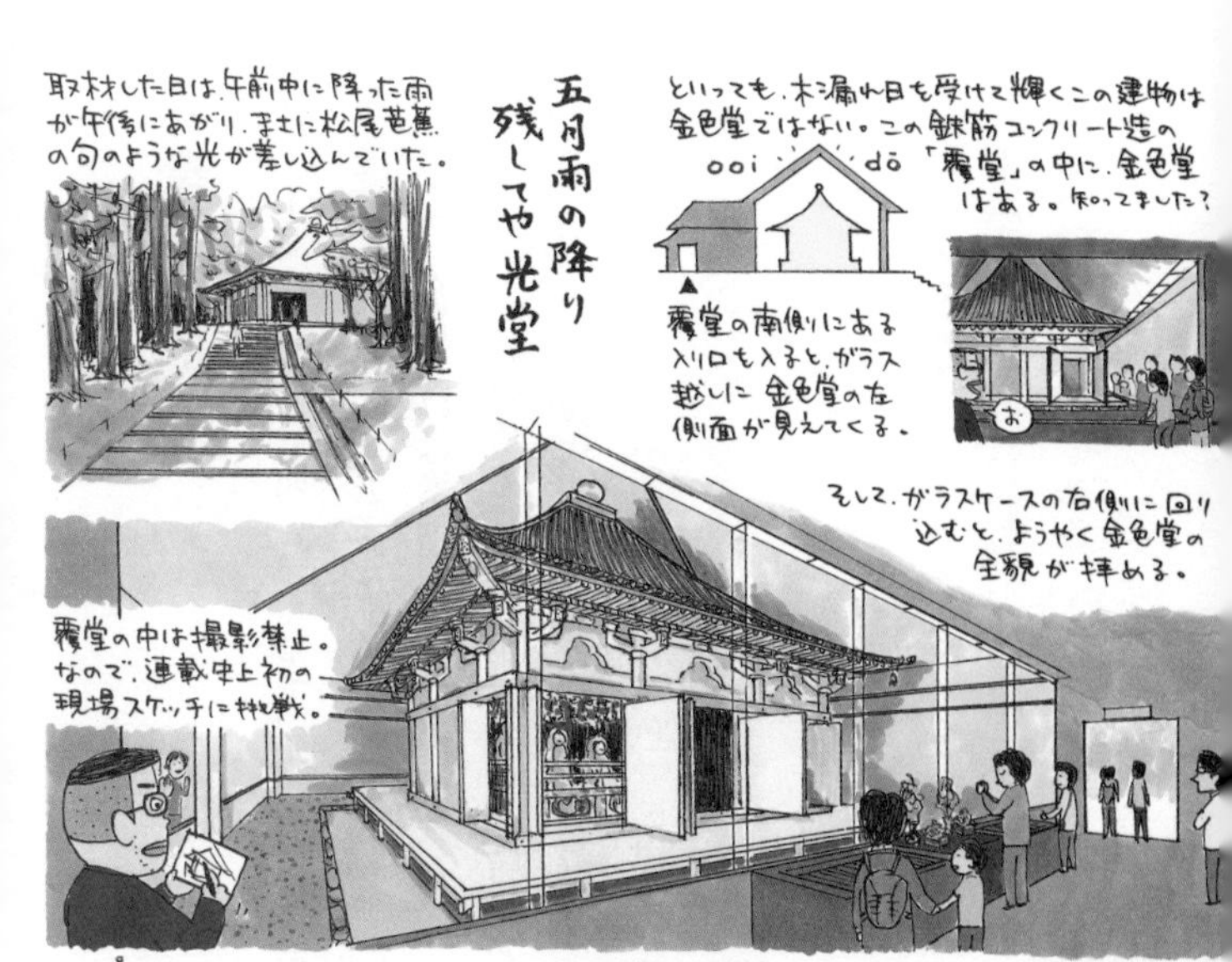

五月雨の降り残してや光堂
取材した日は、午前中に降った雨が午後にあがり、まさに松尾芭蕉の句のような光が差し込んでいた。
といっても、木漏れ日を受けて輝くこの建物は金色堂ではない。この鉄筋コンクリート造の「覆堂」の中に、金色堂はある。知ってました？
ooi
dō
覆堂の南側にある入り口を入ると、ガラス越しに金色堂の左側面が見えてくる。
お
そして、ガラスケースの右側に回り込むと、ようやく金色堂の全貌が拝める。
覆堂の中は撮影禁止。なので、連載史上初の現場スケッチに挑戦。

ひゃー、今回は本当に描かないと…

金色堂というと「全面が金箔貼り」のイメージがあるが、実際は螺鈿（らでん）細工の細やかさと、その数に圧倒される。

よく見ると、軒下の垂木の先端にはこんな細かな彫刻が…。じっくり見たい人は双眼鏡を！

◆現代にもある覆堂の手法

金色堂の建立は1124年。三間四方のお堂で、床下には清衡、基衡、秀衡のミイラ化した遺体と泰衡の首を納めている。いたるところに金箔が貼られ、一部には螺鈿（らでん）の装飾が施されている。ただし屋根の木瓦だけは素地のままである。

これを雨風から守るために建てられたのが覆堂だ。鞘堂（さやどう）ともいわれる。現在の覆堂は1965年にできたものだが、初代の木造の覆堂は鎌倉幕府によって13世紀ごろに建てられたという。先代の覆堂は室町時代中期の作で、金色堂の奥に移築されて残っている。

石碑や石像に架ける覆堂は他にもあるが、建物に建物をかぶせた覆堂は、宇治上神社本殿などごくわずかである。

似ているものには素屋根がある。こちらは寺社建築の建て替え時に、建物にかぶせるように建てる上屋だ。この本の取材でも、改修工事中の出雲大社で、素屋根の中に入った（『絶品・日本の歴史建築［西日本編］』に収録）。これらは改修工事の後は撤去されるが、覆堂の場合はずっと掛かりっぱなしなのである。その点が大きく異なる。

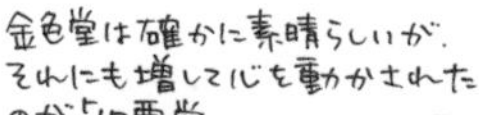

金色堂は確かに素晴らしいが、それにも増して心を動かされたのが「旧覆堂」。

昭和の大改修で役目を終え、現在地に移築された。

金色堂の完成から約160年後、鎌倉幕府によって初代の覆堂が建てられた。
この「旧覆堂」は→室町中期に建てられたものとされる。

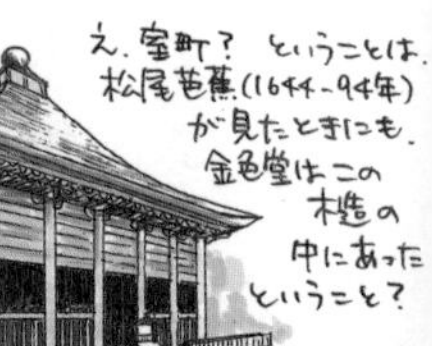

え、室町？ ということは、松尾芭蕉(1644～94年)が見たときにも、金色堂はこの構造の中にあったということ？

なんだ、←こんな光景じゃなかったのか

五月雨の降り残してや光堂

旧覆堂の中は、シンプルなワンルーム空間。意外と小さい。おそらく、金色堂の屋根がギリギリ納まる大きさ。

大きさの比は、目測によるイメージです

覆いたる人は何をぞ思う

旧覆堂を見ていると、いろいろなことを考えさせられる。

- 敵の精神的シンボルを覆堂で包んだ鎌倉幕府の心理は？
- 簡素なつくりはコストを抑えるためか、それとも金色堂との対比を狙ったのか？
- 内部にどのくらい光が入った？
- 芭蕉は内部の光景を詠んだのか、それとも屋外か？

いずれにしても、建築好きなら旧覆堂を見逃すな！

同様の方式といえるのが、大谷幸夫が設計した千葉市美術館・中央区役所（1994年）だ。この建築では、1927年に竣工した旧川崎銀行千葉支店にすっぽりとかぶせるようにして高層建築を建てた。現代によみがえった覆堂である。

覆堂ではないものの、安藤忠雄が設計に関わった国立国会図書館国際子ども図書館（2002年）では、明治建築のファサードをガラスのスクリーンが覆っている。部分的だが、覆堂に近い考え方といえる。同じ年に竣工したフォートワース現代美術館では、全くの新築であるにもかかわらず、安藤は同じようにコンクリート打ち放しの展示室をガラスの箱でくるんだ。

コンクリート打ち放しといえば安藤建築の代名詞。それがガラスのケースに覆われているため、安藤建築が美術館のコレクションとして収蔵されているかのようにも受け取れる。

◆建築なのか美術品なのか

建物に建物をかぶせると、内側の建物は美術品として見えてしまう。金色堂は現在、ガラスのケースに収められているため、余計にそう感じられる。建築というより、法隆寺の玉(たま)

虫厨子（むしのずし）のような、建築を模した工芸に近いものに見えるのだ。

金色堂の大きさは通常の堂と比べて小さい。それが美術品としての印象を強めていることもあるだろう。

とはいえ、これを美術品として済ませるわけにはいかない。もし美術品であれば、本物はどこかに保存して、レプリカを置けばいいともなるだろうが、それは考えにくい話だ。持ち出すには大きすぎるというだけでなく、何せここには奥州藤原氏四代の遺体が眠っているのだ。場所を動かしえないという意味では、これは確かに建築的である。

ここで思い起こされるのは、中尊寺の正式名称だ。それは関山（かんざん）中尊寺といい、山号の〝関山〟は、京都に本拠を置く大和と、東北に勢力を広げる蝦夷とを結ぶ街道にあり、その境（関）に位置していたことを意味しているという。

中尊寺の金色堂は境界の地に立地していた。それと同時に、建築と美術の境界に位置するものでもあったのである。

ところで、次に覆堂を建て替える時は、いっそのこと、ガラスの箱で覆えばいいと思うのだが、ダメかな……。

南側の斜面からさざえ堂を見下ろす

19

江戸時代

じっくりと見たい

会津さざえ堂（円通三匝堂）

福島県会津若松市
江戸時代後期

会津若松市の飯盛山に立つ高さ16・5m、六角三層の御堂。

内部には2重らせんのスロープが巡り、上りと下りが交わらない1本動線となっている。

スロープに沿って西国三十三観音像が安置され、参拝者はスロープを1方向に進むことで三十三観音参りができる仕組みだった。

近くに白虎隊十九士の墓がある。

2重らせんの並行世界

会津若松の町は、平日にもかかわらず、観光客のグループや修学旅行の学生でにぎわっていた。市内を巡回するバスは満員。ちょうどこのとき、NHKで大河ドラマ「八重の桜」を放映していたからだろう。

バスを白虎隊十九士の墓地がある飯盛山の麓で降りる。神社の脇から上がっていく階段の先に、それは現れた。六角形平面の塔の周りを、庇が斜めにつながりながら巻き付いてい

指定 重要文化財
建設時期 1796年
設計者 郁堂

4月〜11月は8：15〜日没、12月〜3月は9：00〜16：00
無休
大人400円
入り口は北側
福島県会津若松市一箕町八幡滝沢155
JR会津若松駅からバスで飯盛山下下車、徒歩5分

る。外から見ただけでも、十分に異様だ。これが会津さざえ堂である。内部はさらにすごい。拝観料を支払って中に入ると、左側がすぐにスロープになっていて、これがらせん状に上へと続いている。ねじれた空間は、これまで訪れた古建築では体験しなかったものだ。

竣工は1796年。もともとはここに正宗寺という寺があり、内部には33体の観音像が通路に沿って安置されていた。ここを詣でるだけで、諸国巡礼と同じご利益が得られるという仕掛けである。

こうした「インスタント巡礼施設」としてのさざえ堂は、東京・本所にあった羅漢寺に建造されたものが最初で、それが人気を得て各地に広まったとされる。羅漢寺のさざえ堂は焼失して現存しないが、埼玉県本庄市や群馬県太田市に、同様の建物が残っている。ただしそれらのさざえ堂は、建物自体は方形。会津のそれのような、らせん状のスロープ自体が立ち上がった形ではない。会津のさざえ堂は、日本建築にこつぜんと現れた突然変異種である。

◆バベルの塔のようならせん建築の系譜

会津さざえ堂を設計したのは、寺の住職だった郁堂禅師だという。この不思議な建築をど

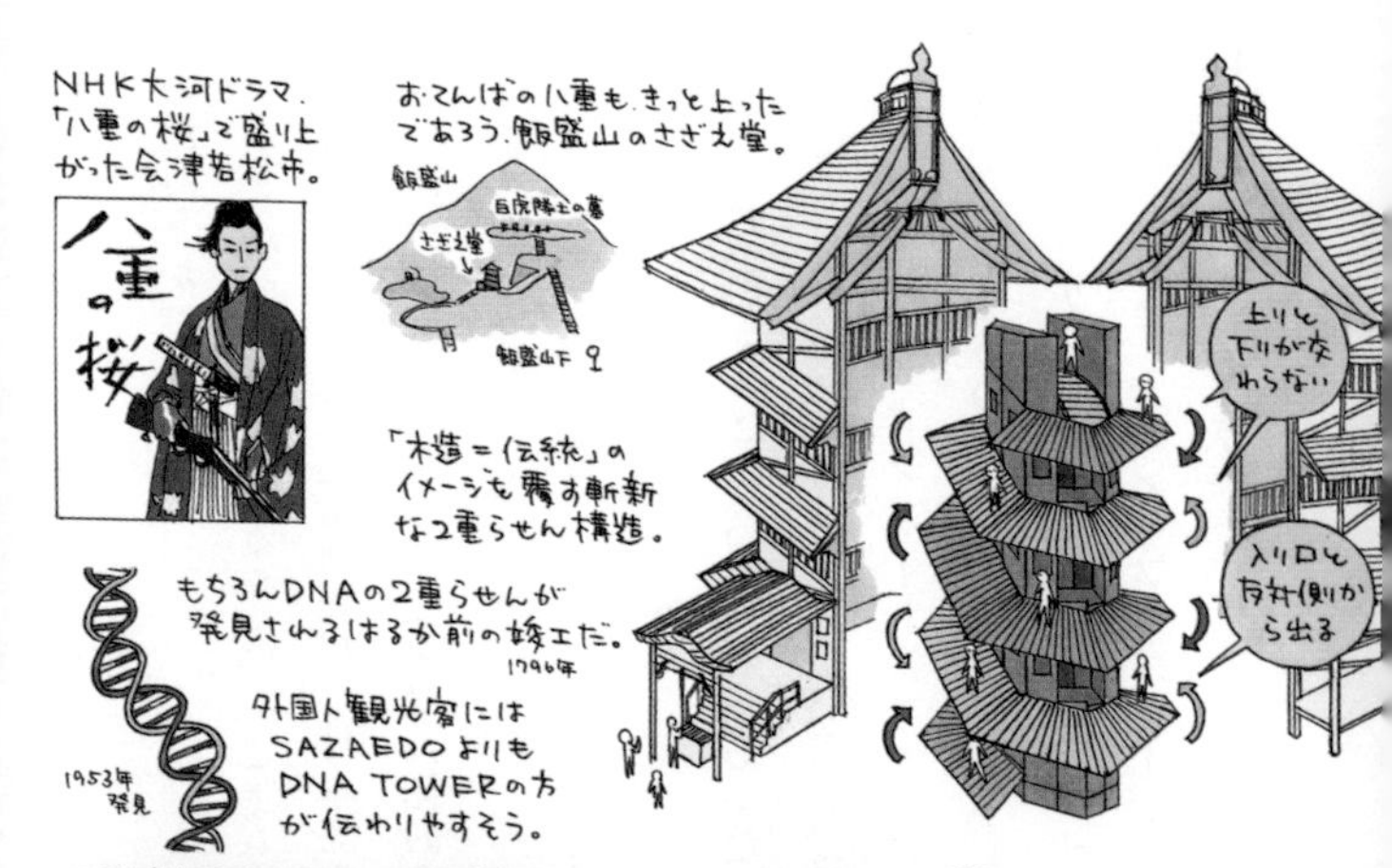

内部に一歩足を踏み入れると、テンション↑。こんなに存在感のある床見たことがないっ! 板張りの床は3次元曲面。らせんの途中途中で、逆方向に歩く人がチラリと見えるのも楽しい

まさにDNA構造!

こから着想したのだろうか。

お堂の所有者である飯盛家に伝わるのは、「こより」をよった形から発想したというもの。一方、この建物を1960年代に調査した日本大学理工学部の小林文次教授は、レオナルド・ダ・ビンチのスケッチにこれと似たらせん階段を描いたものがあり、それが間接的に伝わった可能性があることを指摘している。

小林教授の説が正しいかどうかは分からないが、世界の歴史を遡るなら、ピーテル・ブリューゲルが描いたバベルの塔の図（1563年）やイラクのマルウィヤ・ミナレット（9世紀）などもあり、先行するらせん状の建築があったことは確かだ。

らせん状の空間構成を持つ建築は、モダニズム以降の建築家にとっても非常に魅力的なテーマだった。フランク・ロイド・ライトのグッゲンハイム美術館（1959年）が有名だが、構想に終わったものも含めれば、ル・コルビュジエによるムンダネウム（1929年）や、ウラジーミル・タトリンの第三インターナショナルの記念塔（1919年）といった壮大な計画がある。近年ではノーマン・フォスターがらせんにこだわっていて、コメルツバンク（1997年）、スイス・リ本社（2004年）といった超高層ビルに取り入れた。また

関東
北海道
東北
中部

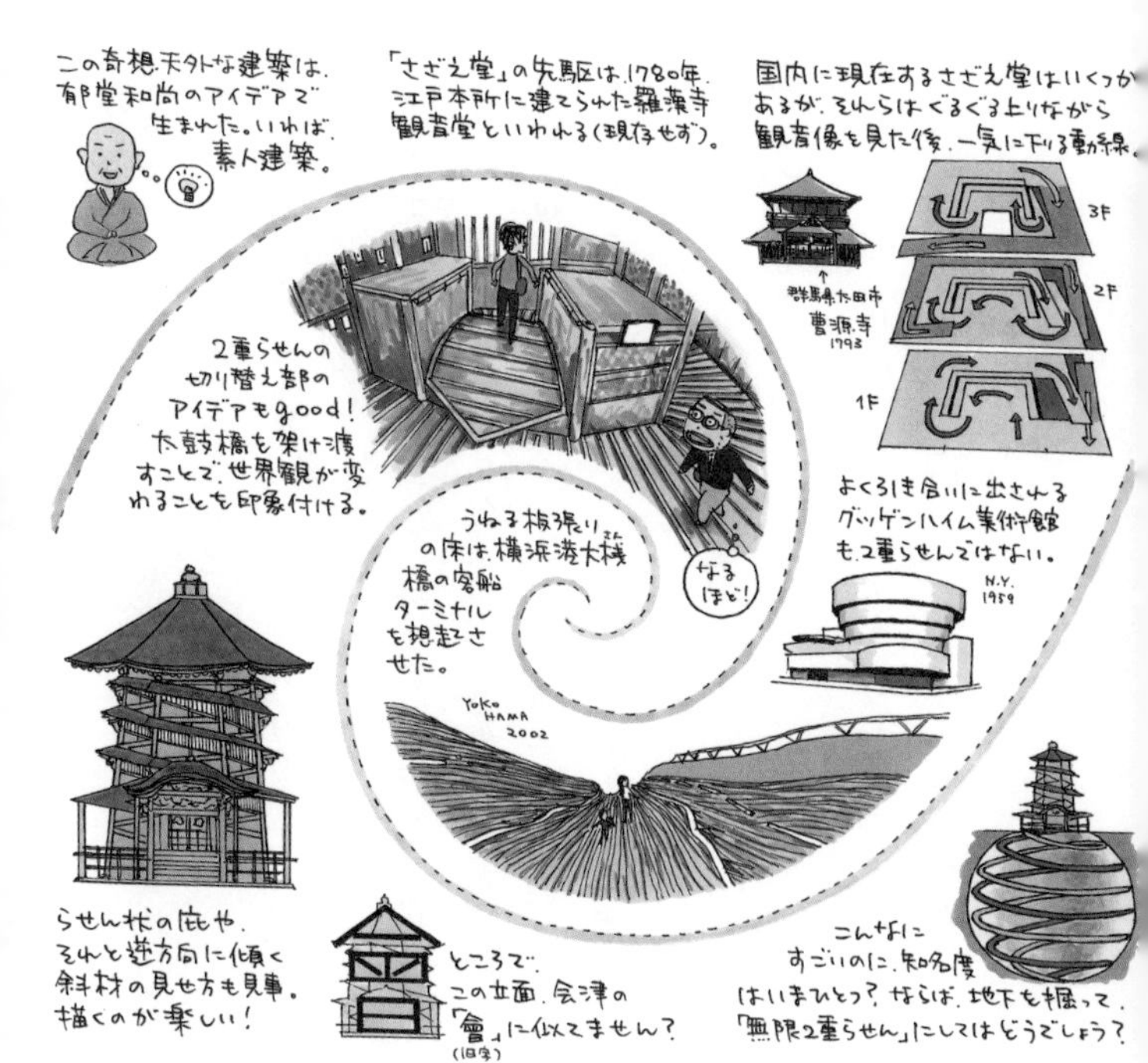
この奇想天外な建築は、郁堂和尚のアイデアで生まれた。いわば、素人建築。
「さざえ堂」の先駆は、1780年、江戸本所に建てられた羅漢寺観音堂といわれる(現存せず)。
国内に現存するさざえ堂はいくつかあるが、それらはぐるぐる上りながら観音像を見た後、一気に下りる動線。
群馬県太田市 曹源寺 1793
3F
2F
1F
2重らせんの切り替え部のアイデアもgood! 太鼓橋を架け渡すことで、世界観が変わることも印象付ける。
うねる板張りの床は、横浜港大桟橋の客船ターミナルを想起させた。
なるほど!
よく引き合いに出されるグッゲンハイム美術館も、2重らせんではない。
N.Y. 1959
YOKOHAMA 2002
らせん状の庇や、それと逆方向に傾く斜材の見せ方も見事。描くのが楽しい!
ところで、この立面、会津の「會」(旧字)に似てませんか?
こんなにすごいのに、知名度はいまひとつ? ならば、地下も掘って、「無限2重らせん」にしてはどうでしょう?

レム・コールハースも、クンストハル（1992年）やシアトル図書館（2004年）などでらせん状に連続する空間を実現させている。

日本でも葉祥栄の三角港フェリーターミナル（1990年）、青木淳の潟博物館（1997年）、坂本一成のHouse SA（1999年）などがすぐに思い浮かぶところだ。

会津さざえ堂も、そうしたらせん建築の系譜に位置を占める建物である。内部に安置されていた三十三観音像は、明治時代の神仏分離令で取り外され、白虎隊十九士の像を置いていた時期を経て、現在は親孝行の徳を説く「皇朝二十四孝」の額が展示されている。いつの日か、再び展示替えをすることがあれば、古今東西のらせん建築をずらりと並べて解説するのもよいのではないか。

◆1つの空間に2つの世界

さて、そうした数多くのらせん建築と比べても、なおユニークな特質が会津さざえ堂にはある。それは、らせんが2重化されていて、しかもその動線が分離していることだ。

この建物では、入り口からスロープを上って行くと、最上部にある「太鼓橋」に行き着く。それを反対側へ渡ると下りるスロープとなり、逆回転で出口へ達する。

2本のスロープは最上部で辛うじてつながるだけ。そこ以外では、同じ建物内を占めながらも、異次元にあるかのように並行している。

狭いお堂であるにもかかわらず、上る人と下りる人とは出会うことがない。2人は違う世界に引き裂かれているのだ。だからこそ、建物中心部のわずかな隙間を通して反対側の通路を歩く人が見えたときには、ドキリとさせられる。それは世界の裂け目から、向こう側にあるもう1つの世界を垣間見る瞬間なのだ。

1つの空間を2つの世界が共有する。普通だったらあり得ないことだが、それがあり得たらどうなるか。英国の作家、チャイナ・ミエヴィルによる長編SF『都市と都市』（2009年、邦訳はハヤカワ文庫SF）は、そんな「もしも」の世界を設定した物語だった。会津さざえ堂も、そんな世界と空間の在り方の可能性を考えさせる建築だ。

中庭から塔状部分を見上げる

20

明治時代

じっくりと見たい

旧済生館本館（現・山形市郷土館）

山形市
明治11年

山形県令・三島通庸（みちつね）の「山形の近代化を図る」という構想のもと、明治11年（1878年）に建設された山形県立病院の建物。「済生館」の名は太政大臣・三条実美が命名した。東北地方で最も早く西洋医学を取り入れ、診療のほかに医学校が併設された。1966年、霞城公園内に移築され、現在は山形市郷土館となっている。

革命時代の純粋幾何学

指定 重要文化財
建設時期 1878年（明治11年）
設計者 筒井明俊

9：00〜16：30
12月29日〜1月3日は休館
無料
正面は北向き。
中庭に対して塔は南向き
山形市霞城町1-1
JR山形駅から霞城公園南門経由で徒歩約15分、霞城公園内

山形駅の西口方面に出て10分ほど歩くと、霞城公園に着く。お堀に囲まれたこのエリアは山形城があったところで、史跡として整備が進んでいる。その一角にあるのが、かつての済生館本館だ。

この建物は明治11年（1878年）に県立病院として完成した。オーストリア人の医師、アルブレヒト・フォン・ローレッツ博士が教頭として着任し、多くの医療従事者を育てる役割

も果たした。

民営だった時期を経て、明治37年には山形市立病院へと変わる。もともとは東に800mほど離れた七日町（現在の市立病院済生館があるところ）にあったが、昭和42年（1967年）、現在の場所へ移築された。改修されていた部分をもとの姿に復元したうえで、山形市郷土館へと機能を変え、今に至っている。

近づいていくとまず3層の塔が目に入る。その下にはかつての玄関があるが、こちらは現在、閉じられていて、入り口は建物を回り込んだ反対側に付け替えられている。

建物に入ると、すぐに円形の中庭が見える。それを囲んで平屋の建物がぐるりと巡る。正確に言うと14角形で、その周りに合計8室の部屋が並ぶ。これらの部屋では主に、この建物で教えていた医学についての展示を行っている。

回廊の北端に位置する塔は、2階が郷土資料の展示室となっている。そこから先は、通常は上がれないのだが、この取材では特別に許可が出て上がらせてもらった。

2階からられせん階段を上り、中3階を経て最上階へ。八角形平面の小さな部屋で、バルコニーへと出られるようになっている。公園の景色を見晴らせるのだが、明治の頃にはここか

擬洋風建築のなかでも「最高傑作」の呼び声が高い済生館本館。初代山形県令(県知事)、三島通庸の命により、宮大工を総動員して7カ月の工期で落成した。竣工当初(1878年)は、山形市七日町(現・市立病院済生館)にあったが、1968年に霞城公園内に移築された。肌色と緑の対比が美しい。

おっ、いい感じ

←実は「擬洋風」を検索して初めて知った。

「擬洋風」というと、モノマネを連想させるが、この建築はそんなハンパな次元ではない。

1階は中庭を取り囲むドーナツ状平面(十四角形)。これは当時、横浜にあったイギリス海軍病院を参考にしたと考えられている。

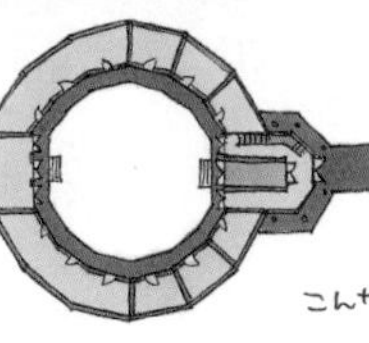

それだけならモノマネの域を出ないが、そのドーナツの一部をタワー(高さ24m)にしてしまった。

こんな形、見たことない!

ら県庁舎（明治44年に焼失、建て替えられて現在の山形県郷土館に）、警察署、師範学校、銀行などが立ち並ぶ官庁街が見えたはずだ。さぞや壮麗な眺めだっただろう。

◆和洋が混在する擬洋風建築

この官庁街を整備したのが、初代山形県令の三島通庸（みちつね）だった。県令とは今の知事に当たる役職である。

三島は薩摩藩の出身で、宮崎県都城での地頭職から、東京府参事、山形県令、福島県令、栃木県令、警視総監などを歴任した。各地で都市や道路の開発整備を行って「土木県令」の異名をとったが、その際には住民に厳しい労役や税金を課したので、「鬼県令」とも呼ばれて恐れられたりもした。

済生館本館も三島が建てさせたもの。図面を引いたのは、山形県の役人で後に済生館の館長となる筒井明俊だが、建築史家の藤森照信は、三島本人が建物のデザイン面にも深く関わったはず、と推測している（『日本の近代建築』1993年、岩波新書）。施工は、銀座のれんが街建設に携わった原口祐之が棟梁として指揮した。

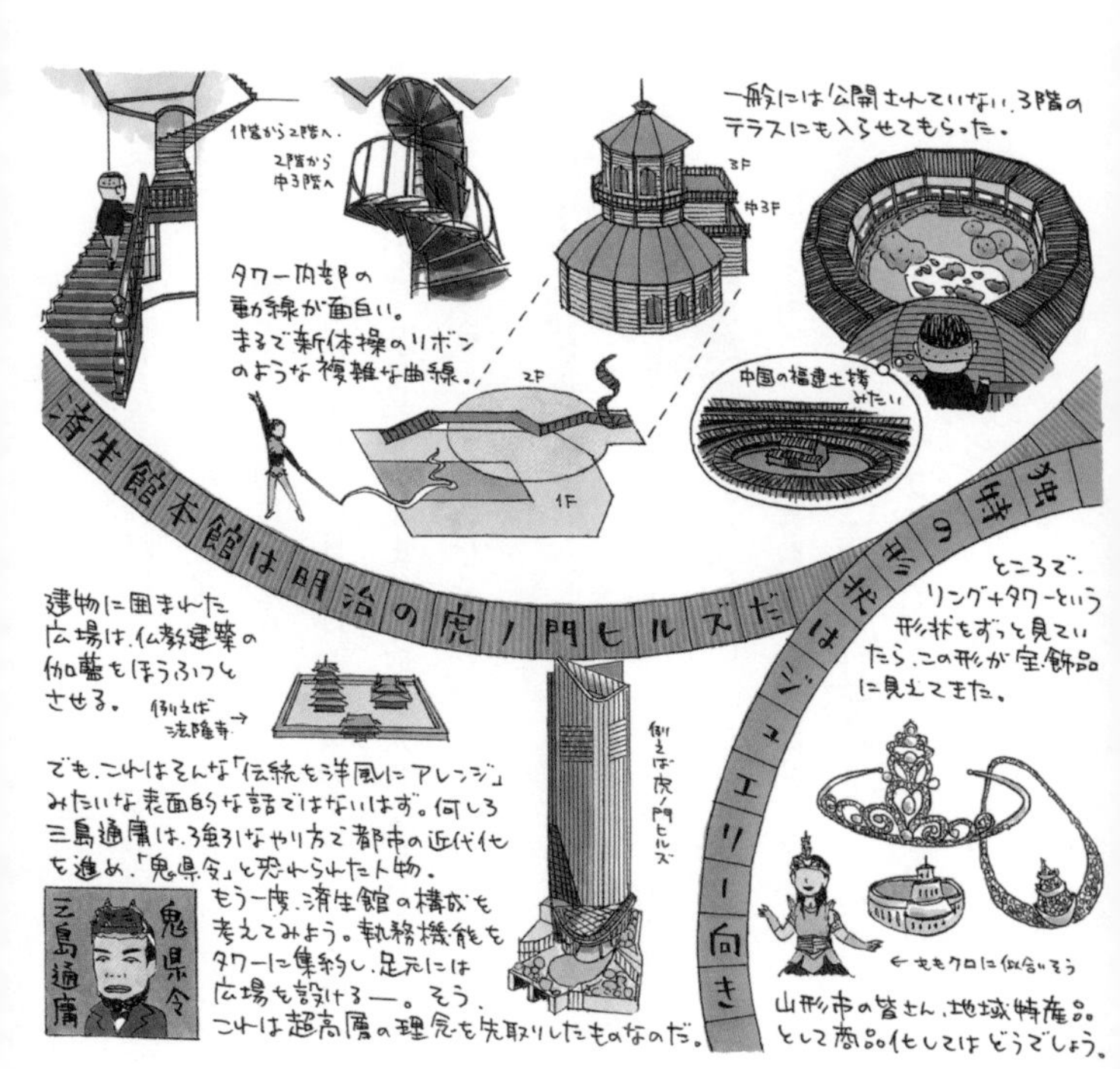
1階から2階へ
2階から中3階へ
3F
中3F
タワー内部の動線が面白い。まるで新体操のリボンのような複雑な曲線。
2F
1F
一般には公開されていない、3階のテラスにも入らせてもらった。
中国の福建土楼みたい
済生館本館は明治の虎ノ門ヒルズだ
独特の形状はジュエリー向き
建物に囲まれた広場は、仏教建築の伽藍をほうふつとさせる。
例えば法隆寺→
例えば虎ノ門ヒルズ
ところで、リング＋タワーという形状をずっと見ていたら、この形が宝飾品に見えてきた。
でも、これはそんな「伝統を洋風にアレンジ」みたいな表面的な話ではないはず。何しろ三島通庸は、強引なやり方で都市の近代化を進め、「鬼県令」と恐れられた人物。
三島通庸
鬼県令
もう一度、済生館の構成を考えてみよう。執務機能をタワーに集約し、足元には広場を設ける――。そう、これは超高層の理念を先取りしたものなのだ。
←ももクロに似合いそう
山形市の皆さん、地域特産品として商品化してはどうでしょう。

外観上の特徴は壁の下見板張りだ。それだけでなく、フルーティング（縦溝）が施された玄関ポーチの円柱、とっくりをつないだような手すり、階段室のステンドグラスなど、西洋建築からのあからさまな影響をこの建物には見ることができる。

しかしよく見ると、階段の側桁や軒下に見られる雲型の装飾などには和風建築のモチーフも現れている。西洋建築の様式を見よう見まねで取り入れながらも、和風が混在したこの時代の建物を擬洋風建築と呼ぶが、この建物はその代表作としてしばしば挙げられている。

◆明治維新直後の革命的建築

一方、平面における特徴は、先に触れたとおりドーナツのような円形を採用したことである。こんな平面は、他の擬洋風建築にも例がない。ただし元ネタはあったようで、横浜にあったイギリス海軍病院を参考にしたとされている。確かにイギリス海軍病院は、運動場を囲んで円弧の形に部屋が並んでいるが、一部が欠けていて、円が閉じない。

完全な円形をした病院としては、フランスで1774年に医師のプティが発表した新パリ市立病院の案がある。実現はしなかったが、こちらは放射状に延びる6棟が外側で円形の回廊につながるというもの。中央には円すい状の塔が立ち、これは病院の衛生に重要な換気の機能も果たすことが期待されていた。円と塔の組み合わせは、済生館本館に似ている。

18世紀のフランスでは、新パリ市立病院の案以外にも、円、球、四角すいなどといった純粋幾何学形態をとった建築の構想が相次いで出されていた。クロード・ニコラ・ルドゥーの「ショーの理想都市」、エティエンヌ・ルイ・ブレーの「ニュートン記念堂」などがそれに当たる。

過去の様式と断絶し、理性によって生まれる新しい形の建築を志向する彼らを、建築史家のエミール・カウフマンは「革命的建築家」と呼び、近代建築を先駆けるものとして評価した。フランス革命の時代に、建築デザインにおける革命を起こそうともくろんだのである。

済生館本館も、日本史上の革命ともいうべき明治維新の直後に竣工している。革命の時代に生まれた純粋幾何学の建築。これは100年後、極東の地に現れたもう1つの革命的建築なのだ。

西側から見た斜陽館の入り口周辺

明治時代

じっくりと見たい

21 斜陽館（旧津島家住宅）

青森県五所川原市
明治40年

津軽の大地主、
津島源右衛門（太宰治の父）が建てた木造住宅。
太宰はこの家について
「風情も何も無いただ大きい」と書いているが、
断じて「ただ大きい家」ではない。
擬洋風を得意とした
棟梁・堀江佐吉の最晩年の設計。
戦後、津島家が手放し、１９５０年からは
旅館「斜陽館」に。
現在は太宰治記念館となっている。

トカトントンの響き

東北新幹線を終点の新青森駅で降り、そこからJR在来線で1時間かけて五所川原へ。さらに津軽鉄道に乗り換えて、約30分で金木(かなぎ)に着く。そこに小説家の太宰治が生まれた家、斜陽館がある。

レンガ塀に囲まれた建物は、入母屋造りの豪邸だ。竣工は1907年(明治40年)。建て主は太宰の父親に当たる津島源右衛門である。源右衛門はこの地方の大地主で、衆議院議員

指定　重要文化財
建設時期　1907年(明治40年)
設計者　堀江佐吉

9：00〜17：30
(11月〜3月は9：00〜17：00、いずれも入館は30分前まで)。
12月29日は休館
大人600円
入り口は西向き
青森県五所川原市金木町朝日山412-1
津軽鉄道・金木駅から
徒歩約7分

や貴族院議員も務めた。

源右衛門は1923年に没し、家は太宰の兄の文治が引き継ぐ。文治もまた、衆議院議員や青森県知事を務めた有力者だったが、戦後の農地改革ですべての土地を手放すことになり、この家も売ってしまう。旅館として使われていた時期を経て、現在は市の所有物となり、太宰治記念館「斜陽館」として公開されている。

玄関を入ると、幅の広い土間が続き、その奥には蔵がある。土間に面して、囲炉裏のある座敷や吹き抜けの板の間などが並ぶ構成は、伝統的な商家のつくりだ。違うのは、玄関脇にカウンターを備えた小部屋があること。津島家では金融業も営んでおり、そのための部屋だ。

そこから住宅とは思えない豪華な階段を上がると、2階には7つの和室と1つの洋室がある。この時代の邸宅は、椅子とテーブルのセットが置かれた洋室なのに天井は和風の格天井だったりと、奇妙な和洋の混交があったりするものだが、この住宅は和と洋がゾーンできっちりと分けられ、混ざることはない。そこに設計者の意識の高さが感じられる。

そういう意味では、和洋が突然に切り替わる2階の廊下こそが、この建物の一番の見どころかもしれない。

今回の巡礼地は、旧津島家住宅（現・斜陽館）。
「斜陽」や「人間失格」で知られる太宰治の生家だ。

といっても、このリポートの主役は太宰ではなく、堀江佐吉。青森県内に独特の擬洋風建築を多数残した伝説の大工棟梁だ。

城大工の家に生まれた佐吉が西洋風の意匠に取り組み始めたのは40代以降。代表作のほとんどは晩年の10年に建てられた。まずは、佐吉の活動拠点、弘前を巡ろう。

弘前城周辺だけで3件（★印）。

弘前では、前川國男（1905-86）の建築も巡ろう。（●印）

1906
★1 旧弘前市立図書館
双塔の外観がシンボリック。玄関そばにある曲がり階段の3次元的造形が見事。

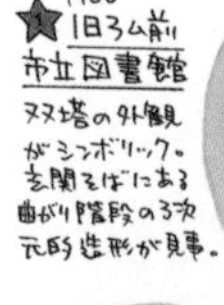

1900
★2 旧東奥義塾外人教師館
室内はリカちゃんハウスのようなファンシー意匠。

1904
★3 青森銀行記念館
国籍不明の屋根の造形がカッコイイ！2階の天井も和・洋を超越。

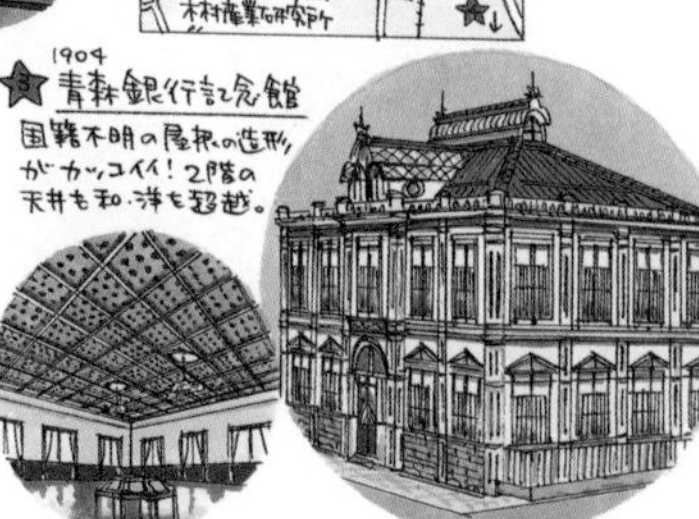

足を延ばせば…
1907
★4 旧弘前偕行社
南に1.5kmほどの所にあるこの建物は、モダニズムの香りも漂う。

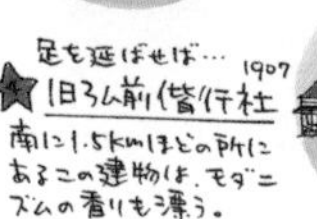

◆〝脱〟擬洋風建築

設計したのは弘前の棟梁、堀江佐吉だ。弘前城の修理に関わる大工の家系に生まれ、修業時代は寺の改修に携わったりしていた。その後、青森や北海道で兵舎の建設に関わり、そこで洋風建築を身に付ける。腕前も人柄も良かったため、弘前で大きな仕事を手掛けるようになった。

その作品は今も残り、旧東奥義塾外人教師館（1900年）、旧第五十九銀行本店本館（青森銀行記念館、1904年）、旧弘前市立図書館（1906年）などは弘前の観光拠点となっている。

佐吉のような大工による設計・施工で、明治時代に建てられた洋風建築は擬洋風建築と呼ばれる。本格的な近代建築の教育を受けず、見よう見まねでつくられたため、おかしな様式解釈も交じるのだが、そこが妙味と評価されたりする。松本の旧開智学校（1876年、188ページ）や山形の旧済生会本館（1878年、132ページ）などがその代表例だ。

しかし佐吉の建築は、大学出のエリート建築家に劣らない堂々たるもの。擬洋風とはもはやいえない、それを脱したレベルの建築だ。

堀江佐吉のベースを知ったところで、弘前から金木（かなぎ）へ。駅から徒歩5分。佐吉の最晩年の作、斜陽館 1907 は突然、現れる。
五所川原
青森
八戸
弘前
おっ
外観は、レンガ積みと赤い入母屋屋根が印象的な"ちょっとキッチュな建築"といった感じ。だが、内部がとんでもない。特に変なのが2階。普通、「和洋折衷」というと、和と洋のディテールを混在させるか、和館と洋館を別棟にするもの。ところが、この住宅は、同一フロア内で和と洋が明確に分けられているのだ。
2F
板の間 吹き抜け
和
和
控室
和
和
洋間
和
和
階段室
2階東南の和室
斜陽
襖の漢詩に「斜陽」の文字。
2階廊下
え？っ
太宰治の人格を育んだ"時間迷宮"
2階洋間
鹿鳴館のようなコテコテの洋間。面積に対してフワフワ感が過剰？
階段室
衝撃的なのが廊下。ゲートのようなしっくいの垂れ壁によって、唐突に和・洋が切り替わる。
迷宮っぽさを助長する、4つまたの階段。
自分を別の場所から傍観するような太宰の作風に、この住宅が影響を与えていることは間違いない。
前近代
維新
近代
前近代と近代を行き来する「時間旅行生活」。"天才を育てる家"ってこんな家なのかも。

五所川原駅から徒歩7分のところにある古民家「布嘉屋（ぬのかや）」には、佐吉が設計・施工した佐々木嘉太郎邸（1896年）の精巧な模型が展示されている。これを見ると、土蔵造りの建物の外側に人工地盤を巡らせたような設計になっている。火災で焼失したが、これが残っていたら、さぞや素晴らしいものだっただろう。

斜陽館は佐吉の最晩年の作品で、設計はしたが施工は息子に託している。大工としてまず覚えた和風の建築と、その後にものにした洋風の建築、その両方を総合することに、自らの最期を意識しながら挑戦したのかもしれない。

◆趣きの無い、ただ大きい家

さて、太宰治は「斜陽館」のことをどう見ていたのか。1946年に発表された「苦悩の年鑑」の中で、こんなふうに記している。「この父は、ひどく大きい家を建てた。風情も何も無い、ただ大きいのである。（中略）おそろしく頑丈（がんじょう）なつくりの家ではあるが、しかし、何の趣きも無い」

なんとも辛口の言い方だが、そうなった理由は想像できる。斜陽館は大地主の家であり、小作人の金を収奪することによって建てられたものである。左翼活動にも携わった太宰には、それが認められないのだ。

しかしそれだけだろうか。太宰という作家には、その破滅志向の人生からも分かるように、何かきちんと出来上がっているものへの生理的な嫌悪がある。だから斜陽館にも毒づくのではないか。不平を持つのは建物の出来が悪いからではない。むしろ出来が良いからこそ、イヤなのである。

太宰には建築に対する複雑な嫌悪があるのではないか。それをうかがわせる作品がある。1947年の「トカトントン」だ。この小説の主人公は何かやろうとするたびに、頭の中で〝トカトントン〟と音が鳴り、途端にしらけてしまう。通常なら建築をつくるときの槌(つち)音である〝トカトントン〟が、太宰にとっては究極の虚無を象徴する響きなのである。

建築への否定を含んだ根本的な批判は、建築家の手の跡を消去しようとして正方形のグリッドで建築を埋めた1970年代の磯崎新の作品や、土に埋めたりガラスを使ったりしながら建築の消去を試みた1990年代の隈研吾の作品とも共通する。彼らの頭の中にはきっと、〝トカトントン〟の音が聞こえていたのだろう。

column

片山東熊（とうくま）

1854～1917年

傷心の“花形満”

工部大学校造家学科の初代の学生の一人。辰野金吾の同期生であり、ライバルの関係にあった。出身は長州藩（現在の山口県萩市）で、同郷の政治家で当時の有力者である山縣有朋にコネがあったことから、その家の設計者を学内コンペで決めようと言い出し、実施したりしている。結局は自分が選ばれるのだが。つまりはいいトコのボンボンであって、野球マンガ『巨人の星』の登場人物に例えるなら、辰野金吾が星飛雄馬で、片山東熊が花形満だったといえる。

卒業に当たって首席の座は辰野に譲るも、宮内省（現在の宮内庁にあたる官庁）に職を得て、ヨーロッパの視察旅行の後、東宮御所、竹田宮邸（現・グランドプリンスホテル高輪貴賓館）などの皇族の居宅のほか、奈良国立博物館、東京国立博物館表慶館、京都国立博物館、神宮徴古館など、多くの博物館建築を設計している。

その建築的才能は高かった。建築評論家の神代雄一郎は、著書『近代建築の黎明』のなかで明治の三大建築家として辰野金吾、片山東熊、妻木頼黄を挙げ、「この三人を比べてみて、そのデザインでは片山東熊が勝利をおさめた」としている。

しかし、設計活動の頂点に当たる東宮御所が天皇によって拒絶されたことは、大きな失意だっただろう。宮廷建築家として華やかな生涯を送ったととられがちだが、その途中には苦い挫折の影が落ちている。

Part.

4

中部

内宮正宮のようす（写真：神宮司庁）

22

先史時代

じっくりと見たい

伊勢神宮

三重県伊勢市
690年に第1回遷宮

6㎞ほど離れた皇大神宮（内宮）と豊受大神宮（外宮）からなる。

それぞれに別宮、摂社、末社、所管社が所属し、全体で125の宮社を数える。20年に1度、正殿などの建物を新造する「式年遷宮」が1300年にわたり続く。

直近では2013年に行われた。

正式名称は「伊勢神宮」ではなく、単に「神宮」。

永遠の今を生きる

伊勢神宮は「内宮(ないくう)」と呼ばれる皇大神宮と、「外宮(げくう)」と呼ばれる豊受大神宮からなる。ともに深い森の中に位置し、参道をたどっていった奥に正宮がある。しかし、正宮の中にある正殿は、いずれも幾重にも巡る垣に遮られて見ることができない。その建築のデザインは、周りにある御稲御倉(みしねのみくら)や別宮から、想像するだけである。

あるいは2012年、外宮の参道手前にオープンした式年遷宮記念せんぐう館（設計：栗

指定　「お木曳き」などの行事は重要無形民俗文化財

建設時期　伊勢に鎮座したのは約2000年前、第1回遷宮は690年とされる

設計者　不詳

5：00〜18：00（5月〜8月は19：00まで、10月〜12月は17：00まで）。無休

参拝は無料

内宮、外宮とも正殿は撮影不可

（内宮）三重県伊勢市宇治館町1
（外宮）三重県伊勢市豊川町279

内宮は近鉄宇治山田駅もしくは近鉄・JR伊勢市駅からバスで内宮前下車。外宮は近鉄・JR伊勢市駅から徒歩5分

生明＋栗生総合計画事務所）に、外宮正殿の東側4分の1部分を原寸大で再現した展示があるので、これも参考にすることにしよう。

正殿の建築様式は、唯一神明造（ゆいいつしんめいづくり）と呼ばれる。柱は土からそのまま立ち上がる掘立柱。屋根は切妻屋根で、平入り（棟と平行な面の出入り口）になっている。屋根のむくりもごくわずかで、全体的に直線的な構成だ。

頂部には、棟に直交する鰹木（かつおぎ）と、垂木が斜めに突き出たような千木（ちぎ）が付く。

内宮と外宮で建物のデザインはほぼ共通。しかし、鰹木が内宮は偶数で外宮は奇数、千木が内宮は内削ぎ（先端が水平）で外宮は外削ぎ（先端が垂直）と、細部で違いがある。

◆伊勢神宮は「日本のアクロポリス」？

鰹木や千木は多くの神社建築で見られるが、伊勢神宮の建築が他と大きく異なるのは、棟持柱を持っていることだ。棟持柱とは、両方の妻側中央に壁から飛び出した形で立っている柱である。文字通り棟を支えているが、構造的には必要がないともいわれている。

ただしこれには異論もあって、建築評論家の川添登は、独立した棟持柱に支えられた切妻

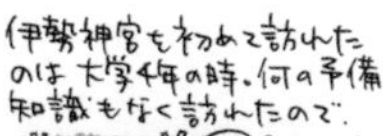
伊勢神宮を初めて訪れたのは大学4年の時。何の予備知識もなく訪れたので、

と、モヤモヤ気分だった。

それから22年。今回は事前勉強ばっちりの再訪だ。ちなみに、

伊勢神宮は伊勢市駅に近い「外宮」と、5kmほど南東にある「内宮」から成る。

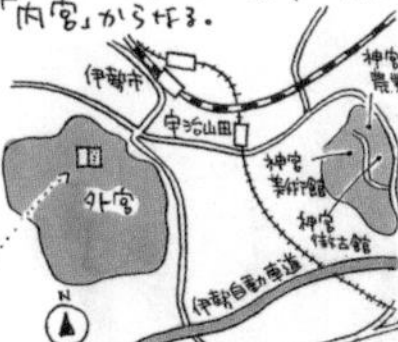

外宮は4重の垣、内宮は5重の垣に囲まれて、正殿は屋根の一部しか見えない。

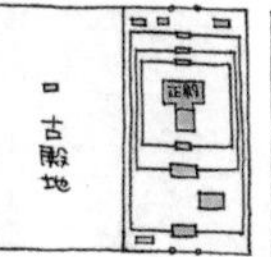

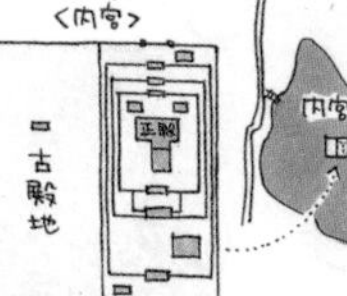

ちょい見せではあるが、やはりその姿は神々しい。さすが2000年間人々をひきつける「唯一神明造」。

屋根面自体は質素なかや葺き。金箔を貼った千木(ちぎ)や鰹木(かつおぎ)が非日常感を演出する。

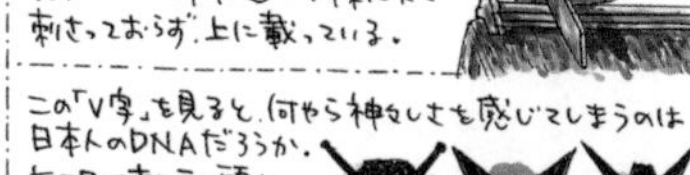

千木は、出雲大社の「大社造」にも見られるが、大社造では棟に突き刺さっておらず、上に載っている。

この「V字」を見ると、何やら神々しさを感じてしまうのは日本人のDNAだろうか。ヒーローキャラの頭にしばしばV字が見られるのも偶然とは思えない。

屋根は自重によりすぼまろうとするので、棟持柱は下部の構造をしっかりと固める役割を果たすという（『木と水の建築 伊勢神宮』2010年、筑摩書房）。
これは、2本の支柱に支えられた水平材から、直交する斜材が吊られているとの解釈で、丹下健三による国立代々木競技場第一体育館（1964年）の構造にも通じる考え方となる。

川添によれば、丹下は広島平和記念資料館本館（1955年）を設計したときから伊勢神宮を参照していたという。1960年代の大空間建築にも伊勢は影響したのだろうか。事実かどうかは別として、川添の解釈は面白い。

伊勢神宮に心を引かれた建築家は丹下だけではない。装飾性を排した簡素な美しさがモダニズムの理念と通じるとして、モダニズムの著名建築家たちが軒並みたたえた。例えば、1933年に来日したドイツの建築家、ブルーノ・タウトも伊勢神宮を「日本のアクロポリスである」と絶賛している。

実物を見ることのできない建築が、これほど評価されるのも不思議な気がするが、見えないことがかえってそそるのかもしれない。「〝隠されている〟からこそ誘惑が発生するのだ」

正殿の床下のつくりは、内宮の御稲御倉（みしねのみくら）を見ると、
ある程度想像できる。こちらも唯一神明造。
周囲に壁がないので、高床を支える
丸柱や、妻面を特徴付ける
棟持柱（むなもちばしら）をじっくり見る
ことができる。
棟持柱
アウトフレームの柱か。
建築家好みだな…

驚かされるのは、工業製品のように
正確な円を描く柱。工作場で
パーツを高精度で
つくり込み、現場
では組み立てる
だけ──。現代
的乾式工法の
原点なのでは？

まるでプレキャスト
コンクリート!!

古殿地
心御柱
覆屋
内宮正殿

確かに「建築」としても魅力的だが、伊勢神宮の“核心”は、正殿を囲む5重の垣の方だろう。本当に見せるつもりがないならば、高い垣1枚で囲めばいいものを、5枚の垣を重ねて、ちょっとだけ見せる。そして想像のヒントをあちこちに置く。加えて、20年に1度必ず思い出させる「遷宮」というシステム──。

ちらりと見えるから想像する ＋ 20年ごとに思い出す ⇨ 究極のブランドコントロール！

ところで、伊勢に行くなら倉田山にある文化施設群にも足を運びたい。明治の巨匠、片山東熊の建築が2つも見られる。

TOKUMA-KATAYAMA
1854-1917

←神宮徴古館（1909）。1階の外壁が竣工時を伝える。

神宮農業館→（1891）は、装飾的な架構が面白い。

HIROSHI-OE
1913-89

大江宏の遺作、神宮美術館（完成は没後の1993年）もかっこいい！棟持柱のような外部柱が並ぶ。

と建築家の磯崎新は書いている（『始源のもどき――ジャパネスキゼーション』1996年、鹿島出版会）。

◆現代建築でもある古建築

さて、伊勢神宮の建築のもう1つ大きな特徴は、20年に一度、同じものを建て替えるという式年遷宮のシステムである。内宮、外宮のそれぞれの正宮には、隣に古殿地（こでんち）という敷地があり、次回の式年遷宮では正宮の建設地となる。

隣にある建物を参照しながら、それと同じものをつくる。これを繰り返すことで、その形や技術を次の代に伝えていく。それはまるでＤＮＡの複製によって親から子へとその形質を受け継いでいく、生命の遺伝子のようなやり方である。

現在の建物は２０１３年の式年遷宮で建て替えられたもの。これは第62回目の式年遷宮であった。

伊勢神宮の始まりは日本書紀によれば垂仁天皇の時代、つまり約２０００年前となるが、現在地に社殿を整えたのは7世紀の天武天皇である。式年遷宮が始まったのは６９０年、持統天皇の時代とされている。以来、式年遷宮によって古代の様式をそのまま現在に伝えてきたと一般には理解されている。しかし、厳密には「そのまま」ではないらしい。

例えば1953年の式年遷宮では、丹下健三の師でもある建築家の岸田日出刀らが関わって、それまでにあった大量の飾り金物を取り去ったという（井上章一『伊勢神宮 魅惑の日本建築』2009年、講談社）。モダニズムの美学は、伊勢神宮から影響を受けるばかりでなく、影響を与える存在でもあったということか。

このエピソードは1つの例にすぎず、伊勢神宮の敷地や建物は時代によっていろいろ変わってきていることが、多くの研究者によって指摘されている。

日本建築の祖型として扱われることも多い伊勢神宮だが、実は少しずつ揺れ動いてきた。伊勢神宮は古建築であると同時に、築後20年にも満たない〝現代建築〟でもあるわけだ。永遠の今を生きる建築なのである。

歴史的に位置付けられた名建築を、現代建築と同じ目線で見直してみたい。そんな狙いを持ってこの本の取材は進めたが、伊勢神宮はそうした時代ごとの批評を何世紀にもわたって受け続けてきた建築であるともいえる。

八角三重塔を見上げる。

鎌倉時代

ちらりとでも見たい

安楽寺 八角三重塔

23

長野県上田市
鎌倉時代後期

安楽寺は「信州の鎌倉」とも呼ばれる別所温泉にある。八角三重塔が立つのは本堂裏の山腹。鎌倉時代に宋から伝来した禅宗様（ぜんしゅうよう）の特徴がよく表れた建築だ。八角塔はかつて西大寺（奈良）や法勝寺（京都）にもあったが、現存するのは国内唯一。内部は8本の母屋柱によって内陣と外陣（げじん）に分かれ、内陣には建立当時の八角の仏壇が置かれている。

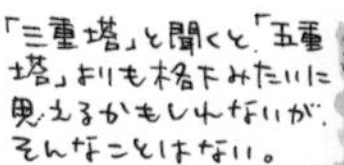

「三重塔」と聞くと、「五重塔」よりも格下みたいに見えるかもしれないが、そんなことはない。

なかでもおススメは、安楽寺八角三重塔。まずは、木々の間からチラリと仰ぎ見させるアプローチが素晴らしい。

階段を登りきると、空が開け、こんな外観が現れる。

木造の八角塔は日本で唯一。三重塔だが、一番下に八角形の「もこし（裳階）」が付いているので、4枚の八角形が重なって見える。

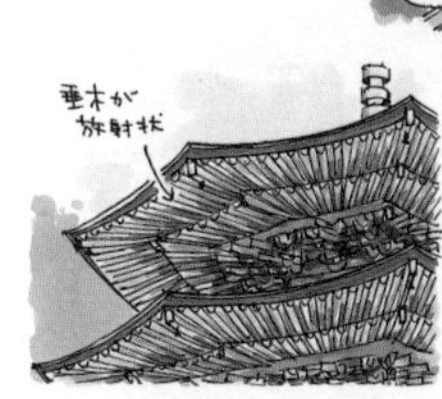

キノコの裏側みたいに見えるのは、通常は平行に並ぶ垂木（たるき）が放射状に広がっているから。この「扇垂木（おうぎだるき）」という形式は、鎌倉時代に宋から伝わった「禅宗様」の特徴だ。

巨大キノコ

もこしの下にある、この現代っぽいデザインの欄間（弓欄間）も、禅宗様の特徴だ。

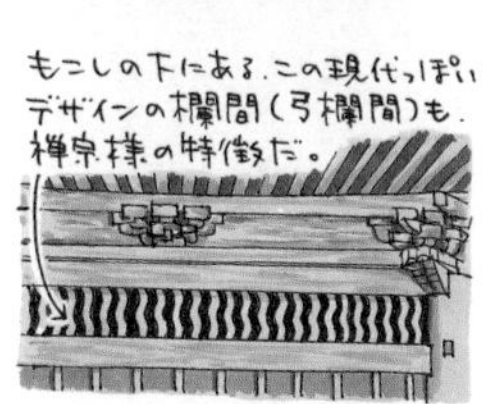

遠景の陰影もかっこいい！ どうしてこの八角塔、日本中に広まらなかったのかなぁ。八角平面は納まりが難しいから？ いや、日本人はもっと難しい多宝塔だってつくってしまう。

だとするとやはり「畳」が育んだ空間認識能力が、「直角」を好むということか…。

放射状が映える八角形

指定 国宝
建設時期 鎌倉時代後期
設計者 不詳

- 8：00～17：00（11月～2月は16：00まで）。無休
- 大人300円
- 本堂側からの見上げは南東向き
- 長野県上田市別所温泉2361
- 上田電鉄・別所温泉駅から徒歩約15分

東側から見る。左は後に増築された月見櫓

桃山時代

松本城

じっくりと見たい

長野県松本市
安土桃山時代

国宝四天守の1つ。

豊臣秀吉が江戸の徳川家康を監視するため、石川数正と息子の康長を松本に入封させ、五重六階の松本城天守を1593年から1594年にかけて築造させた。

天守の壁は、黒漆を塗った下見板と、白しっくいのコントラストが美しい。

黒漆は外壁の防水対策。

2年後に完成した秀吉の大坂城も黒漆の下見板張りだった。

24

「見る」と「見られる」の統合

松本城の始まりは戦国時代に小笠原氏が設けた深志城である。天守が築造されたのは、豊臣秀吉が天下を統一してからで、石川康長が藩主だった１５９３年ごろという。

特徴は、壁が白黒のストライプ模様になっていること。これはしっくいの白壁の外側に、雨がかかるところだけ板を張ったためだ。

ＪＲ松本駅から松本城に向かって歩いて行くと、女鳥羽川を渡る千歳橋のところで道がカ

指定 国宝、史跡
建設時期 天守は1593年ごろ。東南側の辰巳附櫓と月見櫓は1633年ごろに増築
設計者 不詳

8：30〜17：00（入場は30分前まで、GWと夏季は時間延長あり）。12月29日〜31日は休み
大人700円
天守への入り口は東向き。堀の外からは南側や西側が撮りやすい
松本市丸の内4-1
JR松本駅から徒歩約20分。同駅からバスで松本城・市役所前下車

ギ形に曲がっている。ここはかつて松本城の大手門があったところで、ここから奥が三の丸である。

道をさらに進むと、二の丸へとたどり着く。外堀の一部が埋め立てられたため、現在ではまっすぐ入れるが、当初は右側に回り込んだ東側に入り口があった。そちらの太鼓門は1999年に復元されている。二の丸からはお堀越しに天守の全景を拝める。

内堀を越えて門をくぐると、2つの門に挟まれた小さな広場がある。ここは枡形。敵の軍勢を足止めして、防衛の拠点となる場所である。ここから先が本丸となる。

門をくぐったら、天守へと向かう前に、いったん振り返ってみよう。市川量造と小林有也の2人が石碑で紹介されている。実は明治維新のすぐ後、松本城は売却に出され、解体の危機に直面していた。市川は松本城を借りて博覧会を開催し、その収益によって松本城を買い戻す。小林は1901年に天守保存会を設立し、傷みが激しかった天守に大修理を施した。

この2人の活動がなければ、現在、松本城の美しい姿を我々は拝むことができなかった。松本城は、建築保存運動の偉大なる成功例でもあるのだ。

「天守」という建築様式は、室町末期～安土桃山期に各地に広まったといわれる。織田信長が命名したという説も。城守ではなく、天守（天主とも）。なんてすばらしいネーミング！

←階段なし
階段あり→

日本の建築史上では、高さ100mといわれる七重塔（東大寺）の記録もあるが、〇重塔は1フロア空間。天守は、日本における高層ビルの先駆けといえるかもしれない。

松本には行ったことがあったが、恥ずかしながらこの城は初めて見た。

黒と白のコントラスト。大小の絶妙なバランス。石垣の美しいライン。宮沢の工作魂がうずき、切り絵で表現してみました。

国宝に指定されている四天守（犬山、松本、彦根、姫路）のうち、犬山城（一部）とこの松本城は江戸時代の前に建てられたもの。なおかつ松本城は平地に建てられた平城（ひらじろ）であるため、お堀の配置も含めて、防御性能が追求されている。いわば**戦国モダニズム**の代表例。

天守
本丸
内堀
外堀
総堀

対して、白鷺（しらさぎ）城の異名を持つ姫路城は→江戸幕府設立後に、大坂城包囲網の一環として建てられた「見せる」こと重視の城。**勝ち組ポストモダン**？

◆都市の自意識を生む装置

いよいよ天守へと向かうことにしよう。現在は芝生の広場となっている本丸御殿跡から見ると、天守は複数の建物が結合したものであることが分かる。中央の天守から渡櫓（わたりやぐら）を介して右に出ているのが乾小天守。左側には辰巳附櫓（つけやぐら）と月見櫓が付くが、シルエットは微妙に非対称。この配置が絶妙だ。しばらく見とれてしまう。

入るのは渡櫓から。ここから1層ずつ階段を上がっていく。低層部は黒光りする柱梁がみっしりと入っていて、民家の小屋裏のよう。周囲の壁には、鉄砲や矢で敵を狙う狭間（さま）や、登ってくる敵を撃退するための石落（いしおとし）などの仕掛けが設けられている。

高層部は天井が高く明るい空間へと変わる。最上階の6階は周囲をぐるりと見渡せる望楼。かつては四周にバルコニーが張り出したような開放的な空間だったが、創建後の修理で内部化されたという。

ここからは松本市内がぐるりと見渡せる。日本の伝統建築には五重塔という高層建築の形式があったが、それには人が上がることができない。城の天守ができたことで、人は初めて

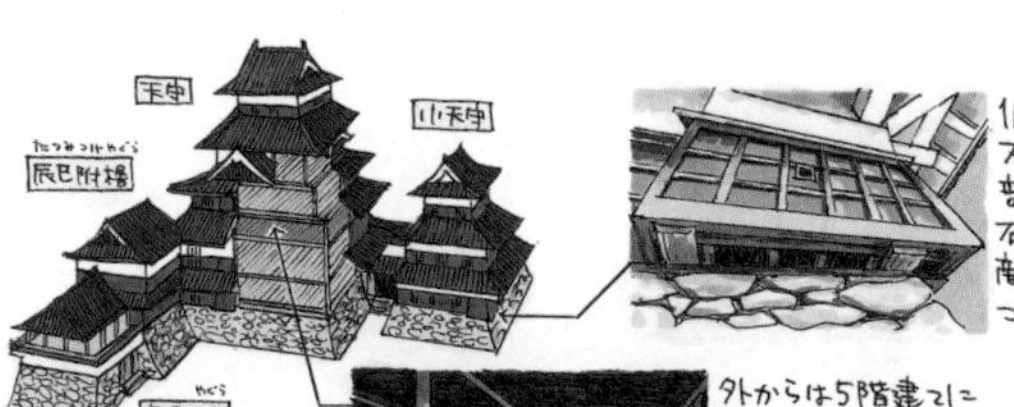

この部分は江戸時代に増築された。
月見櫓は平和の象徴。

1層の壁面にあるスカートのような部分は「石落（いしおとし）」。石垣を登ってくる敵に石を落とす。これは効きそう。

外からは5階建てに見えるが、内部は6階。3層と4層の間に、天井の低い3階がある。非常時に武士が集まる秘密の部屋という。

縦長の穴は「矢狭間（やざま）」。正方形の穴は「鉄砲狭間」。2種類の穴の繰り返しが、外観にリズム感を与えている。

戦国ならではの機能主義――だけとは言い切れない優美な造形。

石垣は、入隅をつくることで、敵を迎え打ちしやすくした、とも。でもそれって本当かなぁ。どう見ても、水面への映り込み効果を狙った気が…。ふと頭に浮かんだのが、丹下健三の名言。

美しきもののみ機能的である。

戦国の世でも人間は、美を無視できないのだ。

ところで、この松本城、明治になってからは、倒壊しそうなほどボロボロになっていた。明治5年（1872年）に競売にかけられ、解体寸前だったものを、地元の有志たちが買い戻し、修復した。明治のころから保存運動ってあったんだなぁ。

保存の立役者たち

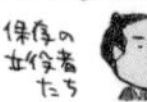

そんな話を聞いたら、近年、主流のこんな保存方法が頭をよぎった…。そんな時代が来ないことを願います。

都市を上から眺めることができるようになったのだ。

一方で天守は、見られる存在でもある。特に松本城は、平らな湿地の中心部に建つ平城である。四方から、よく目立っている。

日本の有名な城のほとんどは、戦国時代が終わった後に建てられたものだ。松本城も実際の戦争に役立ったわけではない。

ならばどんな意味があったのか。それは、領地を見るためであり、領地に暮らす人々から見られるためである。「見る」と「見られる」を統合することにより、天守は、都市の自意識を生み出す機能を果たすようになったといえるだろう。

◆現代建築への城郭の影響は？

日本各地に点在する天守は、実は昭和の時代になって再建されたものが多い。天守再建のブームが起こったのは、1950年代の後半である。名古屋城、小田原城、熊本城、和歌山城、小倉城などがその時期に建てられている。

一方、同じころに日本の建築界では、伝統論争が起こっていた。モダニズムの建築と日本の伝統建築との結び付きをそれぞれの建築家が主張したのだ。

　そこで挙げられたのは桂離宮や伊勢神宮（150ページ）、正倉院、法隆寺などの寺院や神社だった。江川家などの民家も脚光を浴びた。しかし、城郭に触れる建築家はほとんどいなかった。

　その理由は、城が権力の象徴であり、戦後の日本建築が目指した民衆のための建築と相反していたからと想像できる。

　だからといって、モダニズムの建築家が城を参照しなかったわけではない。例えば前川國男は、熊本県立美術館（1977年）で熊本城の雁行した石垣を平面計画に取り込んでいく。

　また丹下健三は国立代々木競技場（1964年）などで立派な石垣を設けるが、それも城郭のイメージが基になったのではないか。丹下が幼い頃を過ごした今治には今治城の城跡があった。「仲良しと近くの城跡の吹揚公園で遊んだ」ことを、自伝で明かしている（『一本の鉛筆から』1997年、日本図書センター）。

　モダニズムの建築家たちが参照したのは、天守のない、平和の象徴としての城跡だった。そんな現代建築と城郭の関係に思いを巡らせた。

木曽川から見た犬山城の夕景

桃山時代

犬山城

ちらりとでも見たい

愛知県犬山市
安土桃山時代

木曽川の南岸の小高い山の上に建つ
平山城（平野の丘陵に築城された城）。
国宝四天守の1つで、
そのなかでは最も古い形式とされる。
もとは織田信長の叔父である
織田信康が築いた城郭だったが、
戦乱のなかでたびたび城主が変わり、
その過程で段階的に
天守が築かれたと考えられている。

25

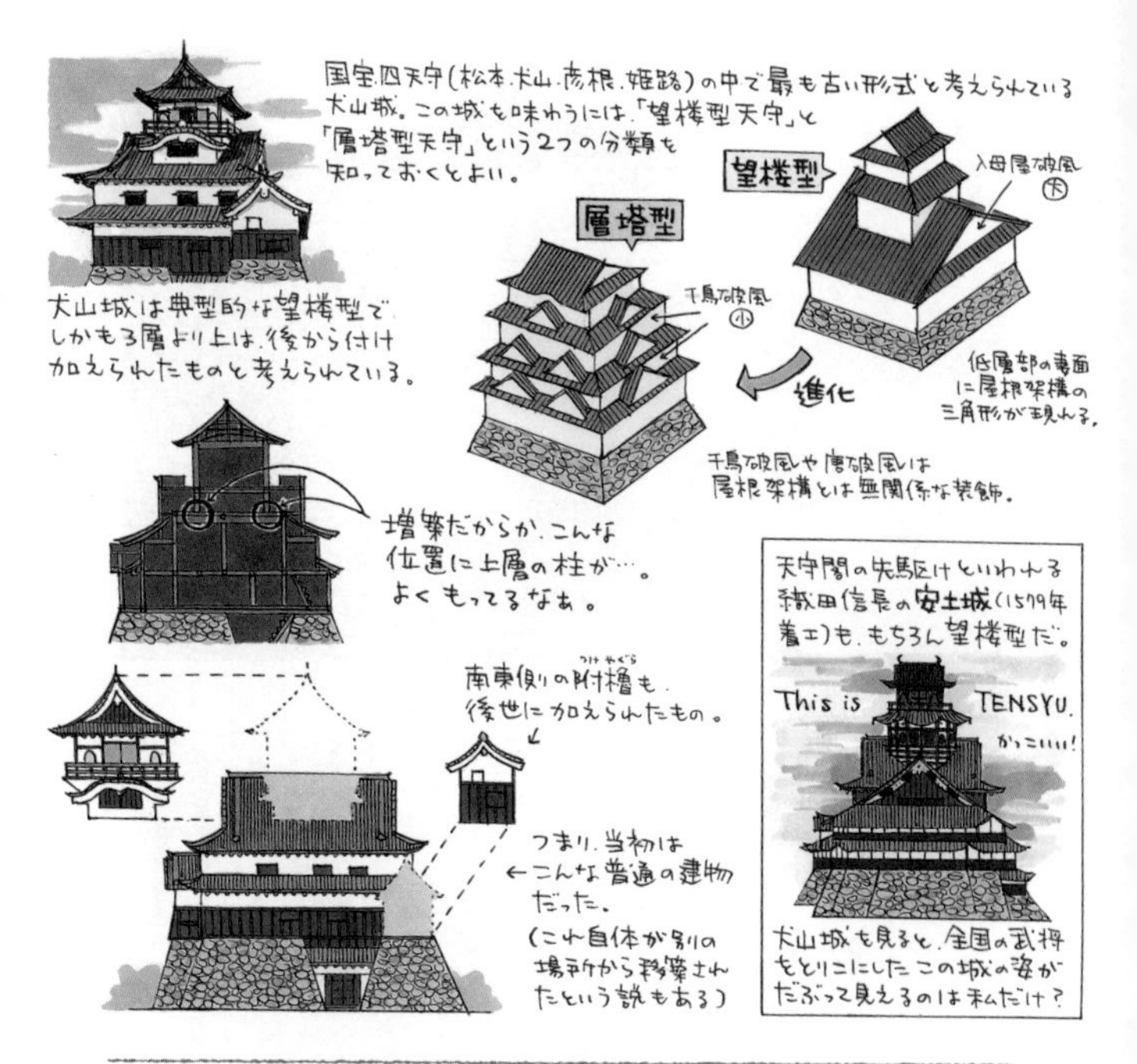

大胆増築で「天守」に昇格

指定　国宝
建設時期　下部の主屋は1601年ごろ
設計者　不詳

- 9：00〜17：00（入場は16：30まで）
  12月29日〜31日は休み
- 大人550円
- 入り口は南向き。
  木曽川側の外観は北西向き
- 愛知県犬山市犬山北古券65-2
- 名鉄・犬山遊園駅から徒歩約15分、
  名鉄・犬山駅から徒歩約20分

如庵の正面外観

江戸時代

如庵

愛知県犬山市
江戸時代前期

茶匠・織田有楽が晩年に建てた茶室。待庵、大徳寺龍光院密庵とともに国宝3茶室の1つ。

織田有楽は織田信長の実弟として1547年に生まれ、波乱に富んだ人生を送った。

如庵はもともと京都にあったが、明治以降は場所を転々とし、1972年、犬山城の東にある有楽苑（旧・名鉄犬山ホテル敷地内）に移築された。

26

時空を超えるカプセル

木曽川を見下ろす小高い丘にそびえる犬山城（168ページ）。そのすぐ隣に名鉄犬山ホテルがある。小坂秀雄の設計で1965年に完成した堂々たる昭和のホテルだ（建て替えられて存在せず）。その敷地内に、国宝茶室「如庵」はある。

もともとこの茶室は1618年ごろ、京都の建仁寺正伝院に建てられた。それが明治時代に入って売却され、貸座敷として運営されていたが、1912年、東京の三井家本邸に移築

指定　国宝
建設時期　1618年ごろ
設計者　織田有楽（長益）

保存修理のため2021年秋ごろまで公開休止。
有楽苑の入場料は大人1000円
正面は南側
愛知県犬山市御門先1（旧・名鉄犬山ホテル内）
名鉄・犬山遊園駅から徒歩約8分。東名高速道路小牧ICから車で約25分

される。この本邸は太平洋戦争時の空襲でほとんど焼失するが、如庵は三井家が1938年に神奈川県大磯町の別邸に移していたため、難を逃れた。国宝に指定されたのは、その直前である。

1970年、今度は所有者が名古屋鉄道へと変わる。移築先には明治村も候補に挙がったが、「明治の建物ではない」などの理由から、現在の場所が選ばれた。

如庵の周囲は有楽苑（うらくえん）という庭園として整備されており、入場料を払ってその中に入る。ただし如庵は、通常は南側の窓からのぞき見るだけで、中に入るには月に1回ほど開催されている特別見学会に参加しなければならない。

この取材では特別に許可が出て、中へ入らせてもらった。隣接する重要文化財の正伝院書院の建物から如庵へ。勝手側から茶道口を抜けて、茶室に入る。その第一印象は「意外と明るくて広いな」というもの。続いて室内に凝らされた数々の趣向が目に入ってくる。

勝手側を除く3面の壁と屋根裏に、合わせて6つも設けられた窓は、それぞれに異なるデザインで光の効果に違いをもたらしている。そのうち東側の2つが竹を細かく並べた「有楽窓」だ。

茶室という建築は建て主の生き様そのものである――。今回、桃山・江戸期の名茶室を見て回って、そんなことを感じた。では、この「如庵」をつくった織田有楽(長益)とはどんな人物だったのか。

有楽激動人生絵巻
1547年、尾張国で織田信長の実弟として生まれる。
兄・信長13歳
ホギャ
長益0歳
本能寺の変で兄・信長が死去すると、堺に引き込もって茶の湯に没頭。
35歳
1587年、豊臣秀吉が催した茶会に千利休らと参加。このころから「有楽」と名乗る。
利休先生!
関ヶ原の戦いでは東軍(徳川方)として戦う。豊臣方と徳川方の仲介に努めるが、対立は激化。大阪城落城後は京都・正伝院で隠居。1621年、75歳で没。
如庵は有楽が正伝院内につくった茶室だ。完成は1618年。え? ということは有楽は71歳? この若々しい感覚、信じられない!
如庵
ようこそ如庵へ
如庵は3度の移築を経て、名鉄犬山ホテル内に。(詳細はイソさんの記事を参照)
書院(重文)
如庵(国宝)
同じく有楽が築造した書院とセットで移築されている。
ほー、意外とカジュアル
ちなみに、有楽は30代半ばにキリスト教の洗礼を受けており、その受洗名が「ジョアン」だったという説も。本当だとしたら、何ておシャレなネーミング!
通常の見学コースでは、南の窓から中をのぞき見るだけだが、我々は許可を得て、中に入った。

壁は腰の高さまで紙が張られている。よく見るとそこには、文字がびっしりと書かれていた。暦が張られているのだ。ゴミにしかならないはずの反古紙を、あえて目に付くところに使う。こういうのがカッコいいというセンスが、江戸の初期からあったことに驚く。

この茶室のもう1つの特徴が、床の脇と茶道口の間に斜めの壁を設けて、三角形の板（鱗板）を床に張ったことだ。この工夫により、給仕口を茶道口に兼ねさせて、しかもスムーズな給仕の動線を確保することが可能となった。

美しさ、面白さを達成しながらも、機能性や快適性も同時に実現する。そんな万能茶室が、この如庵である。

◆およそ6㎡の狭さ、「二畳半台目」の意味

作者は織田信長の弟である織田有楽だ。茶室作家として先行する千利休は、「待庵」で2畳という究極の最小限空間に挑んだが、有楽はそうした狭い茶室を「客をくるしめるものなり」として避け、もう少しゆったりとした小間の茶室をつくっている。

如庵の間取りは「二畳半台目」、つまり通常の畳2畳＋半畳＋台目畳という広さである。

関東
北海道
東北
中部

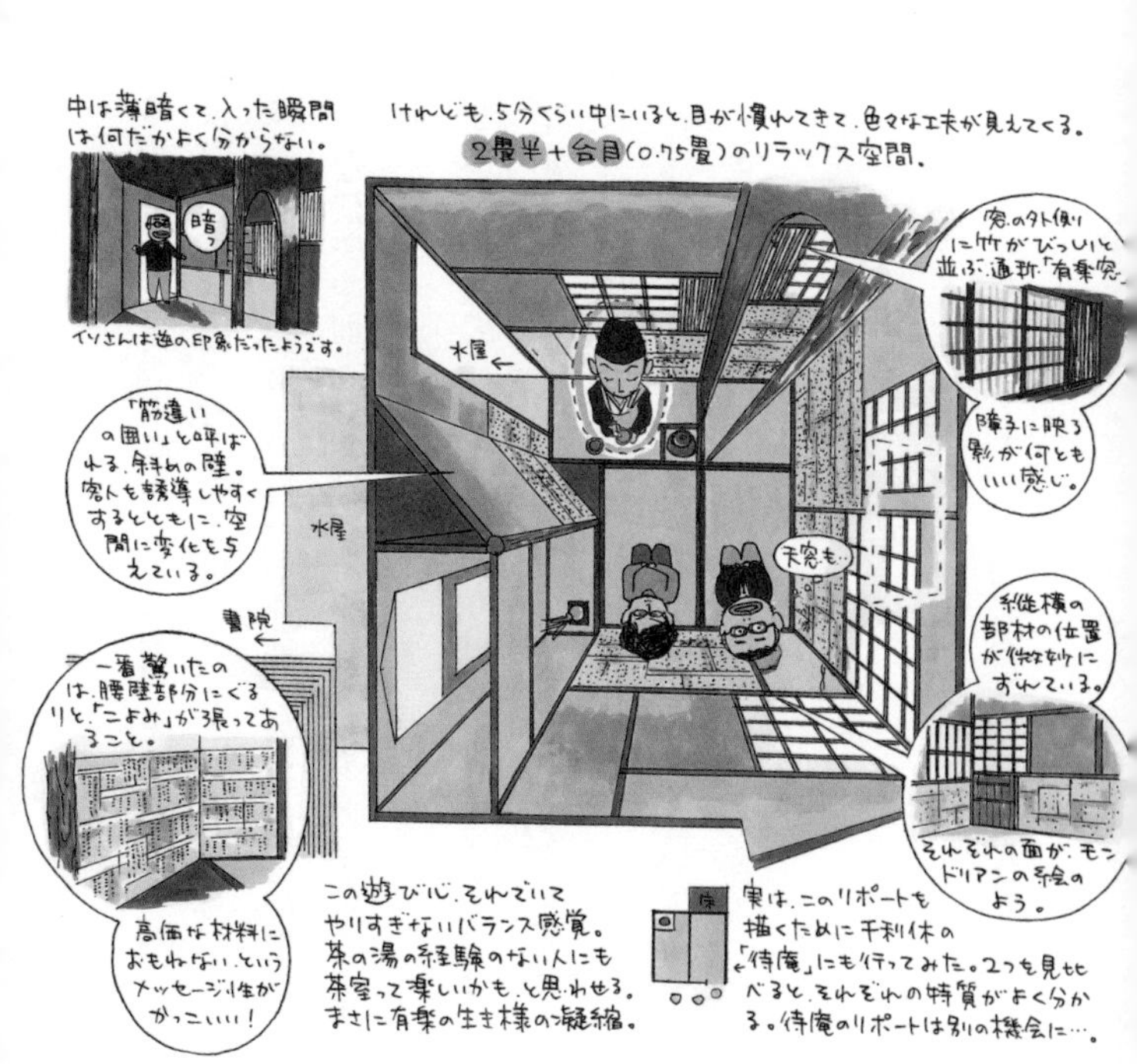
中は薄暗くて、入った瞬間は何だかよく分からない。

暗っ
イソさんは逆の印象だったようです。

けれども、5分ぐらい中にいると、目が慣れてきて、色々な工夫が見えてくる。

2畳半＋台目（0.75畳）のリラックス空間。

水屋
窓の外側に竹がびっしりと並ぶ、通称「有楽窓」

障子に映る影が何ともいい感じ。

「筋違いの囲い」と呼ばれる、斜めの壁。客人を誘導しやすくするとともに、空間に変化を与えている。

水屋
天窓も…

書院
縦横の部材の位置が微妙にずれている。

一番驚いたのは、腰壁部分にぐるりと「こよみ」が張ってあること。

それぞれの面が、モンドリアンの絵のよう。

高価な材料におもねない、というメッセージ性がかっこいい！

この遊び心、それでいてやりすぎないバランス感覚。茶の湯の経験のない人にも茶室って楽しいかも、と思わせる。まさに有楽の生き様の凝縮。

実は、このリポートを描くために千利休の「待庵」にも行ってみた。2つを見比べると、それぞれの特質がよく分かる。待庵のリポートは別の機会に…。

台目畳を4分の3の長さとして換算すれば、これは3・25畳。一畳を1・8㎡とすれば5・9㎡、そこに鱗板の分を足せば、およそ6㎡と少しというところだろうか。

この広さの意味を理解するために、自分が体験した現代建築の空間で類するものを思い浮かべてみる。小さな建築空間といえば、そう、中銀カプセルタワービル（東京・新橋、1972年）があった。

資料を引っ張り出して寸法を確認する。取り付けられたカプセルは、内法が2・3×3・8mで8・74㎡である。ここからバスユニットと壁面収納部の面積を引くと、だいたい6㎡。おお、見事に一致したではないか。

これは人間が普通に使える空間の最小単位が、これぐらいであるということの証左だろう。待庵では狭すぎるが、如庵の広さなら住むことだってできるのだ。

◆移動する建築空間「カプセル建築」のルーツ

如庵とカプセルの関連をもう少し考えてみよう。

中銀カプセルタワービルのカプセルは滋賀県の工場で製作し、トラックで東京まで運んだ。その寸法は、実は輸送を考えてのサイズでもあった。

また、設計者の黒川紀章はカプセル建築の発展形として、週末にはカプセルを外してリゾート地に運び、別荘にするなどといった使い方も構想していた。

カプセルは移動を前提にした建築手法である。中銀のカプセルは、取り付けられた後は移動を果たせていないが、入り口前に置かれていた展示用のカプセルが、森美術館の「メタボリズムの未来都市展」（2011年）の際に、展覧会が開催された六本木に移動。現在はさらに、さいたま市の埼玉県立近代美術館に移された。その移動性を遅まきながら発揮したのだ。

一方の如庵は、前述のとおり、京都、東京、大磯、犬山と移動して現在に至っている。その移動性からも茶室は、カプセルに近い。

日本発の建築ムーブメントとして、世界から注目を集めたメタボリズム。その建築は、江戸時代の茶室とその遺伝子を共有しているのではあるまいか。

そんな捉え方で改めて如庵を眺めると、外側に付けられた袖壁の下地窓が目に入ってきた。中銀のカプセルに付いていたのと同じ円形。やはり如庵はカプセル建築のルーツなのだ。

合掌造りの民家群

江戸時代

じっくりと見たい

白川郷の合掌集落

27

岐阜県白川村
江戸時代中期〜
合掌造りは茅(かや)ぶきの大型木造民家で、三角形の屋根が両手を合わせたように見えることなどから「合掌」と呼ばれる。白川郷（岐阜県白川村）の荻町は約45・6ヘクタールが重要伝統的建造物群保存地区に指定され、合掌造り家屋59棟のほか、寺院などが残る。五箇山（富山県南砺市）とともに、世界遺産に登録されている。

モスラのふるさと

指定 世界遺産
建設時期 1700年前後～1950年代。重要文化財の和田家は築約300年
設計者 不詳

- 公開施設により異なる
- 公開施設により異なる
- 北側にある展望台から集落を一望できる
- 岐阜県大野郡白川村荻町1086
- JR高山駅からバスで約50分、JR金沢駅からバスで約80分

富山県の五箇山とともに、その集落がユネスコの世界遺産として登録されている岐阜県の白川郷。高山までは何度か来ていたが、白川郷まで足を延ばすのはこの取材が初めてだった。

ＪＲ高山駅からバスに乗る。50分ほどで白川村の荻町に着く。停留所から庄川に架かる人道橋を渡ると、もうそこは茅ぶきの合掌屋根がそこかしこに目に入る荻町の集落である。

荻町の集落は、適度な広がりとまとまりがあって、歩くのが楽しい。城跡の展望台から全体を見渡すと、合掌造りの家のほとんどが、妻面を南北方向にそろえて立っている。集落の景観に美しさを感じる秘密の1つが、家屋の向きにあることが分かる。

幾つかの民家は、内部を公開しているので入ってみよう。基本的なつくりは共通だ。玄関を入ったところに囲炉裏のある板張りの居間があり、その奥に畳敷きの部屋が幾つかある。

居間の脇の急な階段を上がると、天井の低い中2階を経て、アマと呼ばれる合掌の屋根裏に出る。柱がない大空間で、垂直方向に何層かに分割されている。

内側には屋根を構成している材が露出している。材の接合には釘や金物を使わず、わら縄やマンサクの枝で縛ってつないでいる。

驚いたのは、合掌をつくる斜めの丸太は下端が尖っていて、下の梁に点で接して載っているだけだということ。大きな屋根でも、地震や風に耐えられるのは、この工夫が効いているらしい。

構造だけでなく、環境的な仕組みも面白い。切妻の妻側には開口部があり、アマの内部に

東京→名古屋：新幹線100分。
名古屋→高山：特急145分。
高山→白川郷：バス50分。
待ち時間も含めると、約5時間半。遠い。けれども一度は行くべき。この環境が守られているうちに…。

「伝統的建造物群保存地区」のなかには、行ってみると、保存建物と新築建物がミスマッチでガッカリ…という例が少なくない。しかし、ここは山間の集落まるごと異空間

展望台
庄川
0 200 400M
▲は主な合掌民家

白川郷の全貌を眺めるなら、天守閣展望台へ

What a fantastic scape! ここは"風の谷"？

※ナウシカは飛んでいません

巨大なキノコのような合掌造りの民家群。それ以外の建物は土色に統一され、背景に徹している。→
電線は地中化され、景観も台無しにするコンビニやパチンコ店も見当たらない。

いたる所に放水銃が設置されている。
その収納箱が三角屋根でかわいい。

自然光を採り入れる役目を果たす。また床はスノコ状になっていて、1階の囲炉裏で暖められた空気が、煙突効果で上昇して、妻側の開口から抜けるようになっている。光、熱、空気の流れが空間デザインと一体化したエコロジカルな建築である。

◆合掌造りはカイコのための家

合掌造りの棟には、伊勢神宮（150ページ）などの神社建築に見られる鰹木（かつおぎ）のようなもの（ムナオサエ）が載っている。また白川郷では、大家族が1つの家に住んでいたとされており、それが合掌造りの大きな家と結び付けて語られもした。秘境に生きる人々が、太古から残る家で暮らしている、といったイメージである。

しかし、大家族制をとっていたのはごく一部の集落だということが分かってきた。アマと呼ばれる大きな屋根裏も、そこで人が寝泊まりしていたわけではない。

では、何のための屋根裏だったのか。それは養蚕を行う作業空間である。そこではカイコが育てられていた。温度や通風なども、カイコにとって最適な環境となるようになっている。合掌造りは、人間の家であること以上に、カイコの家なのだ。

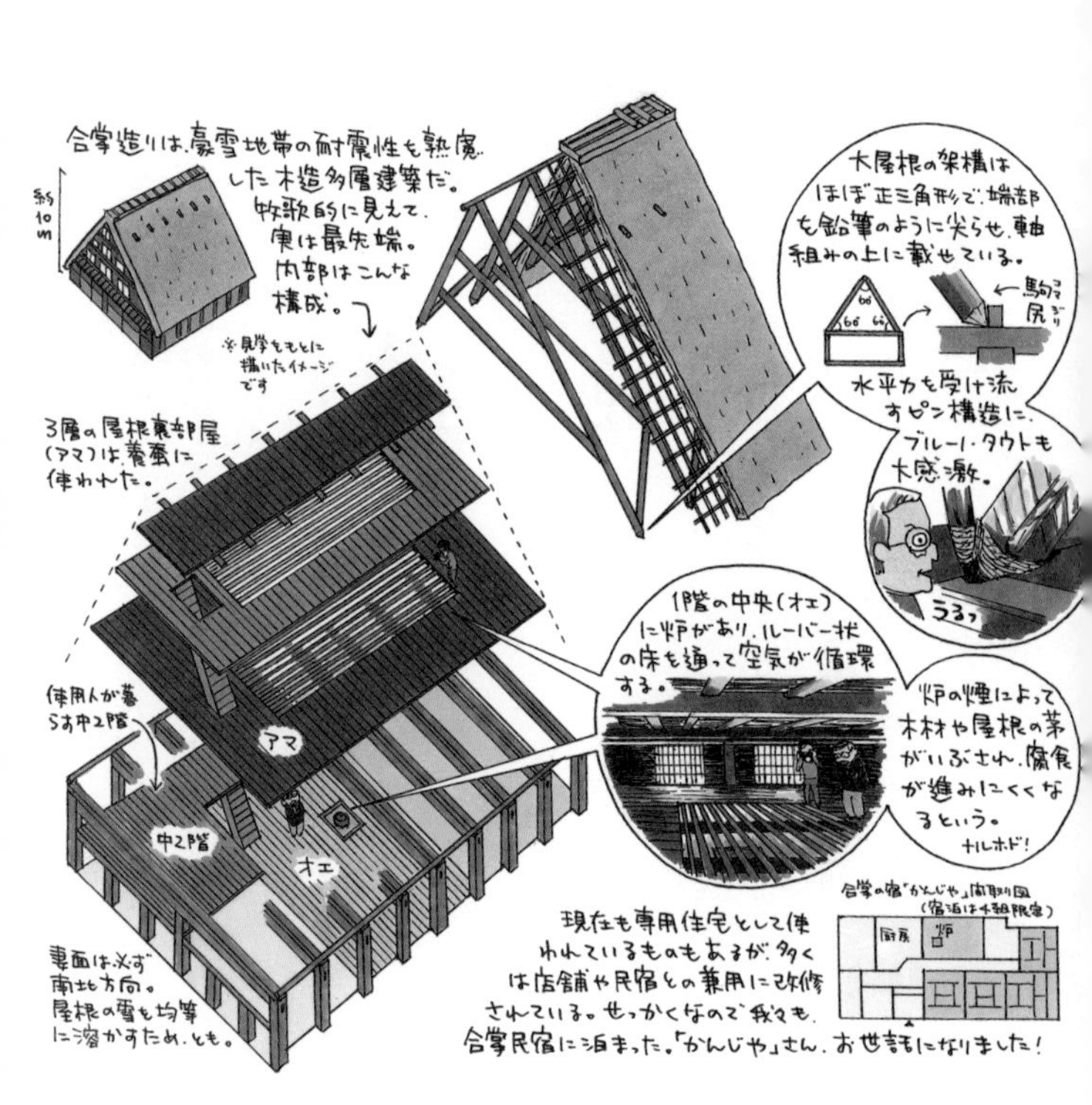
合掌造りは、豪雪地帯の耐震性も熟慮した木造多層建築だ。
牧歌的に見えて、実は最先端。
内部はこんな構成。
約10m
※見学をもとに描いたイメージです
3層の屋根裏部屋(アマ)は、養蚕に使われた。
使用人が暮らす中2階
アマ
中2階
オエ
妻面は必ず南北方向。屋根の雪を均等に溶かすため、とも。
大屋根の架構はほぼ正三角形で、端部を鉛筆のように尖らせ、軸組みの上に載せている。
60°
60°
60°
駒尻
水平力を受け流すピン構造に、ブルーノ・タウトも大感激。
うるっ
1階の中央(オエ)に炉があり、ルーバー状の床を通って空気が循環する。
炉の煙によって木材や屋根の茅がいぶされ、腐食が進みにくくなるという。
ナルホド!
現在も専用住宅として使われているものもあるが、多くは店舗や民宿との兼用に改修されている。せっかくなので我々も、合掌民宿に泊まった。「かんじや」さん、お世話になりました!
合掌の宿「かんじや」間取り図
(宿泊は4組限定)
厨房
炉

現在では、養蚕を続けている家はないが、合掌造りの公開家屋には、かつて使われていた養蚕の道具が展示され、往時の様子をうかがうことができる。

養蚕業は江戸時代に生糸が主要な輸出品となるにつれて発展し、日本の基幹産業となったものだ。合掌造りはそれが発展すると同時に生まれた。つまり合掌造りを古代の建築と見るのは全くの誤解であり、むしろそれは近代的な建築なのである。

ここで1本の映画について触れてみたい。東宝の怪獣映画「モスラ」（1961年）である。

◆モスラは合掌造りで生まれた？

怪獣といえば、ゴジラのように恐竜をさらに巨大化させたようなものがほとんどなのに対し、モスラは昆虫、それも蛾の怪獣である。モデルはヤママユガといわれるが、幼虫の姿からはカイコガともいわれる。小野俊太郎『モスラの精神史』（2007年、講談社現代新書）では、養蚕が日本の文化や経済発展と密接な関係を持っていることから、モスラがカイコである必然性が論じられている。

これをもとに、モスラは合掌造りで生まれたという説を立ててみた。映画には南洋の島でモスラが卵からかえるシーンがあるが、心のふるさとは白川郷だった、と仮定するのである。すると、海を泳いでやってきたモスラの幼虫が、なぜ山中のダムにまず出現するのか、という謎が解ける。

白川村には荻町以外にも幾つかの合掌集落があった。それが「モスラ」公開と同じ1961年に完成する御母衣（みぼろ）ダムによって、湖底に沈む。その際に合掌造りの民家も数多く壊され、あるいは移築を余儀なくされた。それへの復讐として、モスラはダムを襲ったのだ。

ダムを破壊した後、モスラは東京の都心へと移動する。そして東京タワーをへし折って、合掌の架構をつくり、そこに繭を掛けるのだった。今は失われてしまった自らが生まれた家を、モスラは思い起こしていたのかもしれない。

太平洋戦争後、人造繊維の発展などにより、日本の養蚕業は衰退に向かう。合掌造りもそれとともに数を減らしていく。日本の産業構造の変化と運命をともにした合掌造りという建築の歴史を、「モスラ」という映画は刻印していたのである。

岡太神社・大瀧神社の外観

28

ちらりとでも見たい

江戸時代

岡太（おかもと）神社・大瀧神社

福井県越前市
江戸時代末期

権現山の頂上付近にある上宮には、紙祖神（紙漉（す）きの神）をまつる岡太神社と大瀧神社の両本殿が並んで立っており、ふもとの下宮は両社の里宮となっている。現在の下宮社殿は１８４３年（天保14年）に建設された。拝殿と本殿が一体化した複合社殿で、山の峰がぶつかり合うような複雑な屋根形状が特徴。外装に施された彫刻も精緻。

それほど有名ではないが、この建築はとんでもなくすごい。
こんなに躍動感のある木造建築を
かつて見たことがない。

屋根の中から別の形の屋根が
次々とぐにゅーと飛び出す。この
"生物っぽさ"は、H.R.ギーガー
がデザインしたエイリアンを想起
させる。

本殿と拝殿の屋根の上に、3つの
小屋根を架けて階段状にした。

それぞれの屋根の形を流造り(ながれづくり)
(本殿)、入母屋(拝殿と小屋根1)、
唐破風(小屋根2・3)として、変化をつけた。

この独創的な屋根
は、永平寺の勅使門も
手掛けた名棟梁、大久保
勘左衛門が考え出したもの。
発想も素晴らしいが、複雑な曲面の
ぶつかりも納める施工技術もすごい。

〈宮沢妄想図(ギーガー風)〉

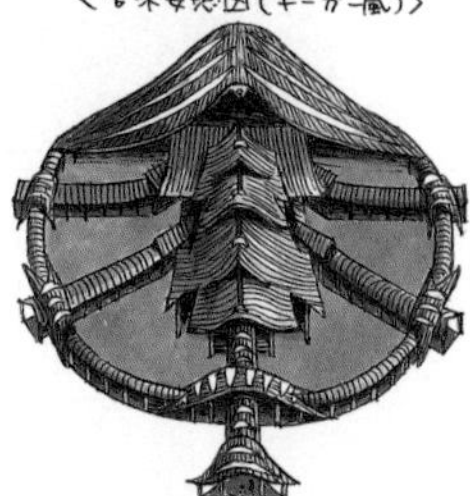

もしかすると勘左衛門は、
前後左右にも屋根を連続
させたかったんじゃないかなぁ。

永平寺棟梁のギーガー的造形

↑至福井IC
鯖江IC
鯖江駅
福井鉄道福武線
日野川
8
北陸自動車道
417
和紙の里公園
越前武生駅
武生駅
岡太神社・大瀧神社
芦山公園
武生IC
JR北陸本線
↓至今庄IC
0 1km

指定 重要文化財
建設時期 1843年
設計者 大久保勘左衛門

- 日没まで
- 参拝は無料
- 正面は南向き
- 福井県越前市大滝町23-10
- JR武生駅から福鉄バス南越線で和紙の里下車、徒歩約10分。武生ICから車で約10分

旧開智学校の正面外観

明治時代

ちらりとでも見たい

旧開智学校

29

長野県松本市
明治9年

松本の大工棟梁、立石清重の設計・施工により、明治9年（1876年）に建設された。1963年まで約90年間、校舎として使われた後、現在地に移築され、資料館となった。

正面入り口上部には2人の天使が「開智学校」の校名を掲げる。

この天使は、当時の「東京日々新聞」の題字部分をまねたものといわれる。

小さい頃から絵を描くのが好きだったが、「屋外で写生」という授業がどうしても好きになれなかった。だって、子どもが描きたくなる風景なんて、そんなにゴロゴロあるわけじゃない。もし、自分の街にこの建物があったら、夢中になってスケッチしたろうなぁ…。

棟梁・立石清重（1829-94）の遊び心あふれる意匠がこの正面玄関に集約されている。校名を掲げる木彫りの天使たちがおかしい！

校舎は現在、資料館となっている。その展示資料のなかにこんなものを発見。

立石が"西洋っぽい"モチーフを切り貼りしたスクラップブック（主に女性の服）。

真面目そうな顔して、意外とオタク？

◀立石も、こんなものも展示されるとは思ってなかったろうな…

いや、考えてみると、西洋のモチーフを、歴史性と関係なく、純粋に意匠として取り入れる姿勢はポストモダンに通じるかも…。立石ら、擬洋風の棟梁たちは、後に台頭するモダニズムも飛び越えて、ポストモダンを先取りした？

西洋風は何でも吸収

指定 国宝、重要文化財

建設時期 1876年（明治9年）

設計者 立石清重

- 9：00～17：00（入館は30分前まで）。3月～11月は第3月曜日（祝日の場合翌日）休館。12月～2月は毎月曜日（祝日の場合翌日）休館。12月29日～1月3日も休館
- 大人400円
- 正面は南向き
- 長野県松本市開智2-4-12
- JR松本駅から徒歩25分。同駅からバスで旧開智学校下車

東側から見た洋館の外観

大正時代

六華苑

ちらりとでも見たい

30

三重県桑名市
大正2年

六華苑は桑名の実業家、二代目諸戸清六の邸宅として大正2年（1913年）に完成した。約1万8000㎡の広大な敷地に池泉回遊式庭園を整備し、洋館と和館を一体化する形で建てた。

4層の塔屋を持つ木造の洋館はジョサイア・コンドル（44ページ〜）の設計。地方都市でコンドル設計の建物が残るのはここのみ。伊藤末次郎による和館も見事。

デザインのバランスはいいけれど、優等生すぎて面白味に欠ける―。コンドルの建築には、そんな印象のものが多い。だが、この住宅は突っ込み所満載。完成時、コンドルは61歳で、施主の諸戸清六は25歳。このミスマッチが吉と出た？

Young Client

←まずは、北東側にある円筒形の塔に心をつかまれる。

よく見るとこの塔、3、4層の階高が1、2層よりも低い。遠近感を強調して高く見せるディズニーランド手法？

この時代に曲面ガラスがあったのか！

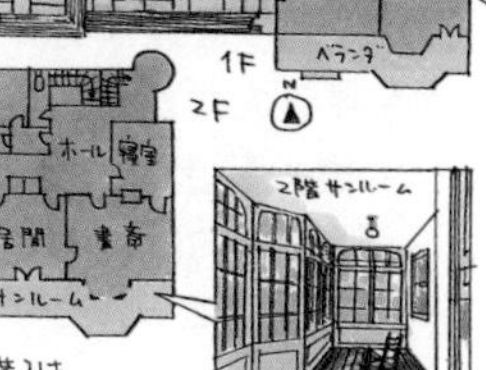

実はこの塔、設計図では3層だったが、清六が強引に4層にしてしまったという。

清六は、窓から揖斐川が見えるようにしたかったのだ。結果として南側の庭園からも塔が見えるようになった（↓）。いいぞ、清六。

1階トイレ
廊下
便器は洋式

南側のベランダ（1階）とサンルーム（2階）は毛虫形（⊓⊓）の平面で、内外観に変化を与えている。

実は、一番面白いと思ったのが、1階のトイレ。自然光が入らない位置にあるため、西側の廊下（和館側）にトップライトを設けて、窓越しに光を入れている。グッジョブ！

巨匠を刺激した若き施主

↑至名古屋駅
JR関西本線
近鉄名古屋線
東海道
揖斐川
バロー
六華苑
専正寺
桑名駅
西桑名駅
精義小
桑名別院本統寺
至九華公園→
0 200m

指定 重要文化財

建設時期 1913年（大正2年）

設計者 洋館はジョサイア・コンドル

- 9：00～17：00（入苑時間は16：00まで）。月曜（祝日の場合は翌平日）と12月29日～1月3日は休苑
- 大人460円
- 入り口は東向き。ベランダは南向き
- 三重県桑名市大字桑名663-5
- JR・近鉄桑名駅からコミュニティバスで六華苑下車。田町バス停下車、徒歩約10分

歴史建築を10倍楽しむ!

キーワード図解

古い建物の特徴を説明する言葉には、
分かったようで分からないものが多い。
だが、そんな言葉の意味が分かるようになると、
建物を見るのががぜん面白くなる。
本書の頻出キーワードを
一般の人向けに図解した。
(宮沢洋)

★★★:絶対に覚えよう
★★:知っていると楽しめる
★:かなりのツウ

「東P○」は本書の掲載ページ、
「西P○」は『絶品・日本の歴史建築[西日本編]』の
掲載ページを示す

まずは、柱の建て方を知ろう。

★★★

掘立柱建物（ほったてばしら）

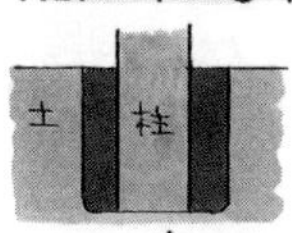

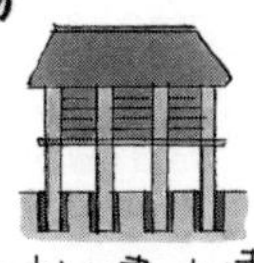

地面に穴を掘って柱を建てた建物。
太古から、大型の建物を建てるのに
一般的に用いられてきた手法。
クリの木など、腐りにくい木材を使う。

三内丸山遺跡（東P106）、
吉野ケ里遺跡（西P154）、伊勢神宮（東P150）

イノベーション！

★

礎石建物

石の上に柱などを建てた建物。
柱を直接、土に触れさせない
ことで、木材を腐りにくくする。
中国から伝来し、寺院建築と
ともに広まった。

法隆寺（西P72）ほか

神社の上のあれって何？

★★

千木（ちぎ）

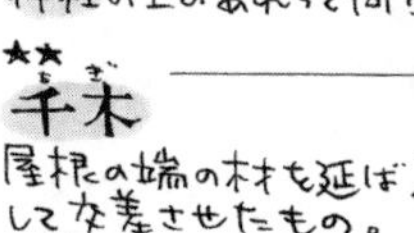

屋根の端の材を延ばして交差させたもの。

唯一神明造：伊勢神宮
（東P150）

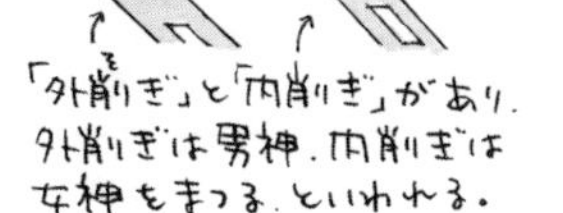

「外削ぎ」と「内削ぎ」があり、
外削ぎは男神、内削ぎは
女神をまつる、といわれる。

★★

鰹木（かつおぎ）

屋根の上に、棟と直角方
向に並べた丸太のこと。
（堅魚木、勝男木とも書く）
もともとは屋根材の補強
が目的だったと考えられている。
名前の由来は、
「カツオブシ」に
似ているから、とも。

大社造：
出雲大社（西P112）

★★★
切妻(きりづま)、寄棟(よせむね)、入母屋(いりもや)

屋根の形は、最低この3つを覚えよう。

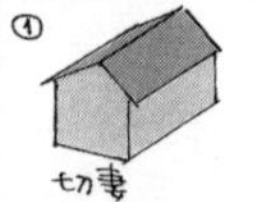

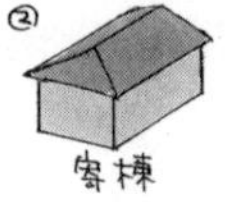

入母屋は、切妻の四周に庇を付けて一体化した形。寺社建築に多い。平側から見ると、こんな←形に見えるのが入母屋。

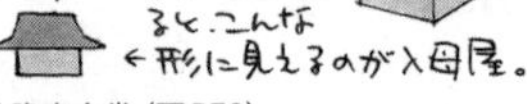

法隆寺金堂（西P72）、
円覚寺舎利殿（東P50）ほか

★
妻入り、平入(ひら)り

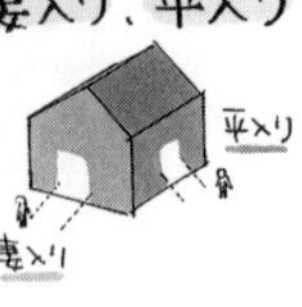

棟と同じ方向（妻側）から入る建物を妻入り、棟と直交方向（平側）から入る建物を平入りという。

塔を語るときの頻出キーワードは…

★
相輪(そうりん)

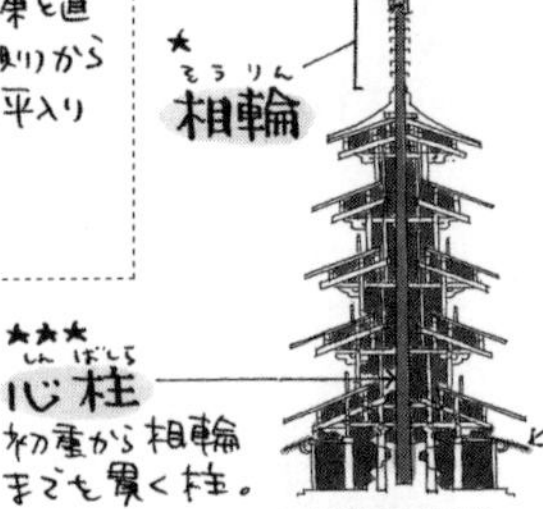

法隆寺五重塔
（西P72）
の断面

★★
もこし

本来の屋根の下に付けた庇。建物を雨から守るためのもので、本来の屋根よりも簡素なつくり。漢字で書くと「裳階」。

安楽寺八角三重塔
（東158P）ほか

★★★
心柱(しんばしら)

初重から相輪までを貫く柱。

柱上部の組物(くみもの)（斗栱(ときょう)ともいう）についても知っておきたい。

★★
斗(ます)

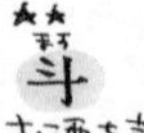

お酒を計るマスのような形の木材。上部材を受ける。

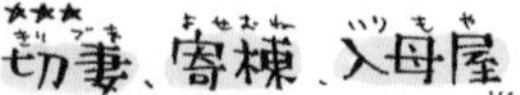

★★
肘木(ひじき)

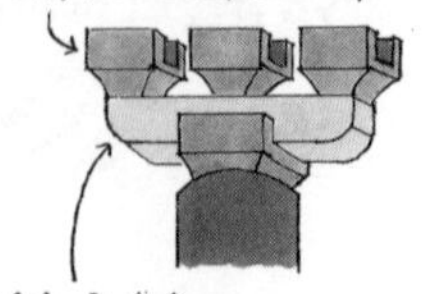

斗を外側に送り出す横材。力を分散させる。

★★★
三手先(みてさき)

組物が何段階に送り出されているかを表すのに「手先」という数え方もする。三手先は3段階に部材を送り出している組物。

四手先(よてさき)や六手先(むてさき)（例えば東大寺大仏殿）もある。

日本史で習った気がする「禅宗様」と「大仏様」、違いは何？

★★★ **禅宗様**（ぜんしゅうよう）
（唐様ともいう）
鎌倉時代初期から禅宗寺院で広まる。細い部材を使い装飾的。

★★ **扇垂木**（おうぎたるき）
屋根を支える垂木を放射状に並べる手法。それまでの建物では、垂木は平行だった。禅宗以外の建物にも広がる。日光東照宮の陽明門も扇垂木。

安楽寺八角三重塔（東P158）ほか

★★★ **花頭窓**（かとうまど）（火灯窓）

つり鐘形の窓。炎のような形から火灯窓と呼ばれていたが、火災を想起させることを嫌い、花頭窓と書くようになった。

円覚寺舎利殿ほか（東P50）ほか

★ **弓欄間**（波欄間）

縦桟が波のような形の欄間。

安楽寺八角三重塔ほか

これらに加え、プロポーションが縦長で、軒がそり返っているのも禅宗様の特徴。どれもこんな形で、素人には見分けがつきにくい…。

★★★ **大仏様**（だいぶつよう）
（天竺様ともいう）
鎌倉時代に重源がもたらした。太い部材を多用したマッチョ系のデザイン。

★★★ **貫**（ぬき）
柱に穴をあけて、横材を通す方法。太い柱材が必要。

浄土寺浄土堂の内部（西P98）

★ **挿肘木**（さしひじき）
それまでの肘木は柱の上に載っていたが、挿肘木は、柱に穴をあけて肘木を差し込む。

★★★ **和様**（わよう）

浄瑠璃寺本堂（平安後期、京都）

6世紀に大陸から伝わった寺院建築に、少しずつ日本風のアレンジが加えられて生まれた簡素な構造。水平ラインが強調されたデザインが多い。

★★ **多宝塔**

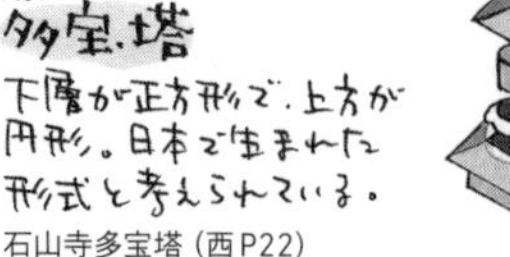

下層が正方形で、上方が円形。日本で生まれた形式と考えられている。

石山寺多宝塔（西P22）

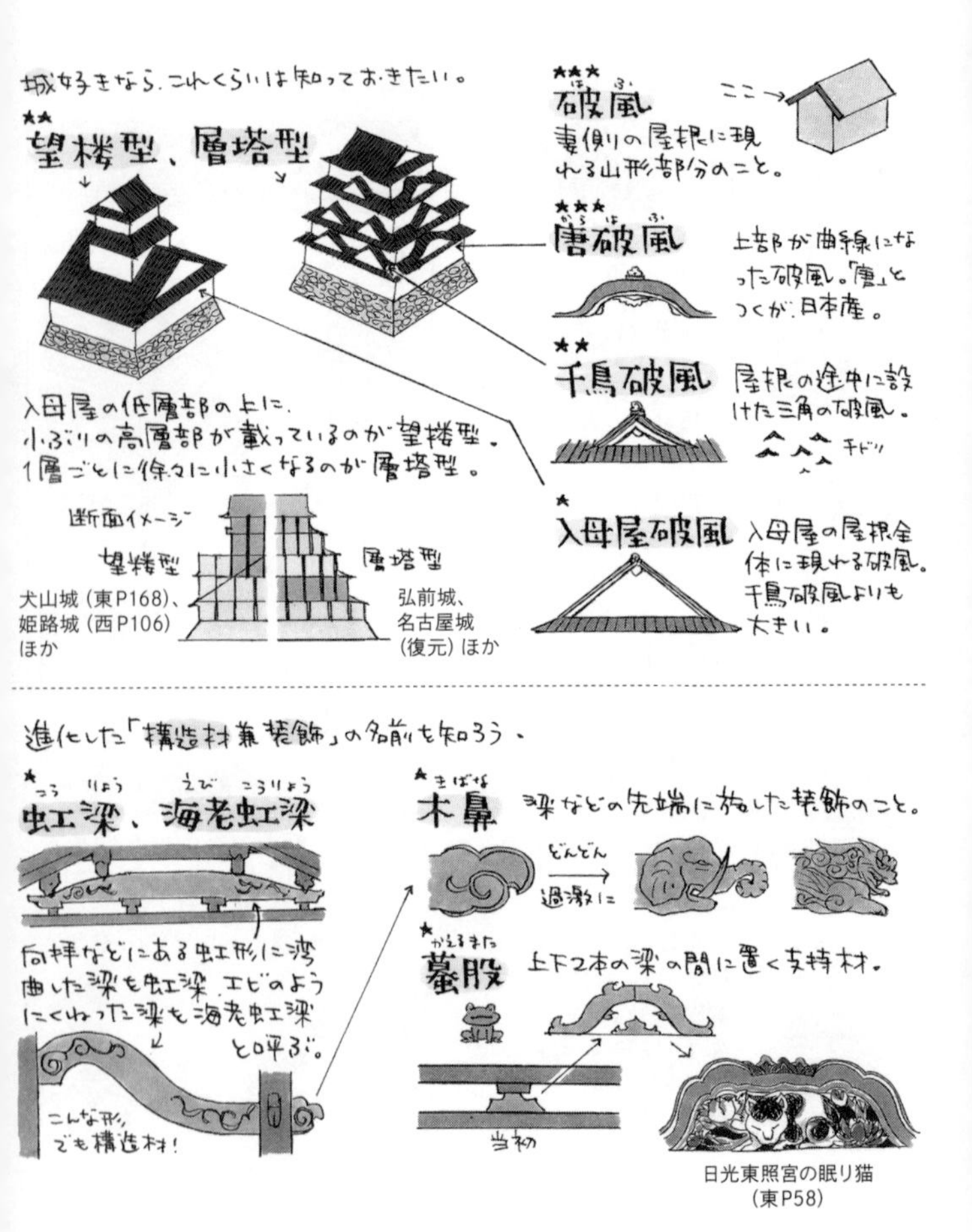

城好きなら、これくらいは知っておきたい。
★★
望楼型、層塔型
入母屋の低層部の上に、
小ぶりの高層部が載っているのが望楼型。
1層ごとに徐々に小さくなるのが層塔型。
断面イメージ
望楼型
層塔型
★★★
破風
妻側の屋根に現れる山形部分のこと。
ここ→
★★★
唐破風
上部が曲線になった破風。「唐」とつくが、日本産。
★★
千鳥破風
屋根の途中に設けた三角の破風。
チドリ
★
入母屋破風
入母屋の屋根全体に現れる破風。千鳥破風よりも大きい。
進化した「構造材兼装飾」の名前も知ろう。
★
虹梁、海老虹梁
向拝などにある虹形に湾曲した梁を虹梁、エビのようにくねった梁を海老虹梁と呼ぶ。
こんな形でも構造材！
★
木鼻
梁などの先端に施した装飾のこと。
どんどん過激に
★
蟇股
上下2本の梁の間に置く支持材。
当初

犬山城（東P168）、姫路城（西P106）ほか

弘前城、名古屋城（復元）ほか

日光東照宮の眠り猫（東P58）

ここからは、西洋建築の基本ワード集。

★★★
アーチ

石積みで長い距離を架け渡すときに用いる虹のような形。個々の石には圧縮力しか加わらない。

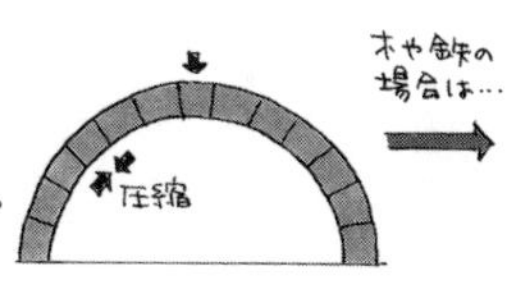

木や鉄の場合は…

★★★
トラス

三角形を基本単位とする構造。

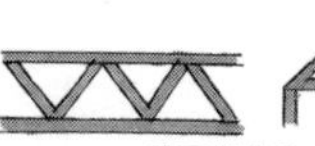

富岡製糸場（東P66）ほか

応用

★★★
ボールト

アーチを連続させてつくる曲面の天井。

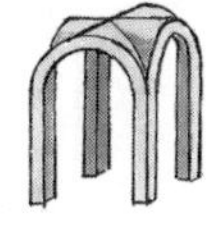

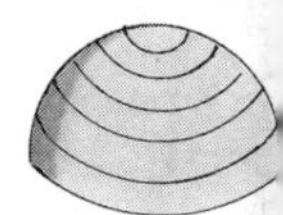

★★
キーストーン（要石）

アーチの頂部に最後にはめ込むクサビ形の石。装飾のポイントになることが多い。

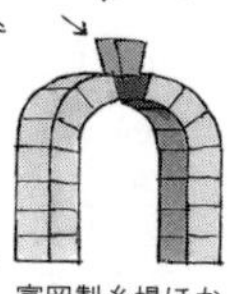

富岡製糸場ほか

勢いに乗って、装飾の用語を覚えよう。

★★★
ファサード

建物の「正面のデザイン」を指す言葉。がっつり装飾が施されている場合は側面もそう呼ぶ。フランス語のfaçade。英語のfaceと同じ語源。

★★
ペディメント

切妻の端部に現れる三角形。日本建築でいうところの破風飾り。装飾の見せ場。

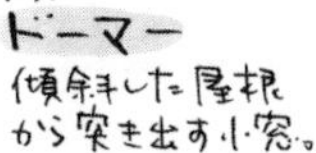

京都国立博物館（西P62）のペディメント

★★
ドーマー

傾斜した屋根から突き出す小窓。

東京駅丸の内駅舎（東P14）のドーマー

★
付柱（ピラスター）

壁面からわずかに飛び出した角形の柱。

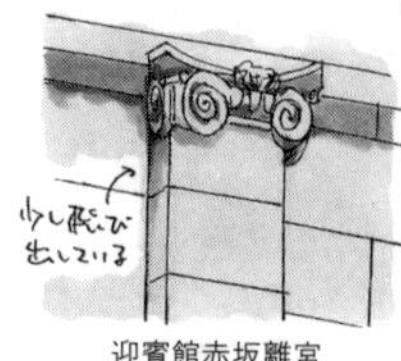

迎賓館赤坂離宮（東P32）の付柱

古典建築のオーダー（基本構成）が分かると、かなりのツウ。

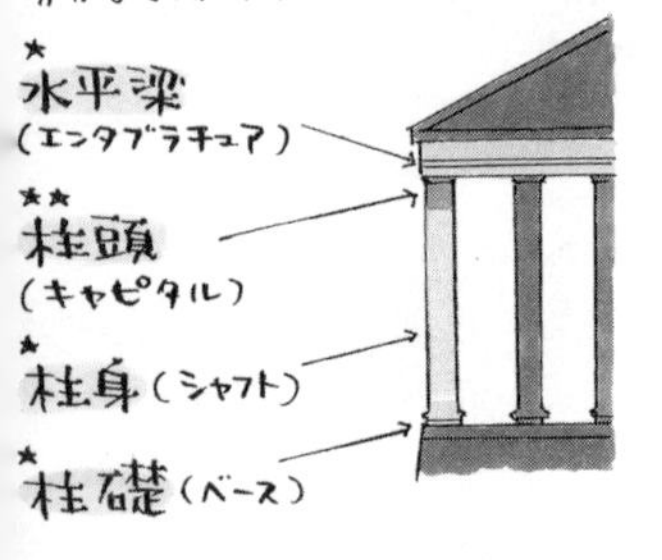

柱頭（キャピタル）で主なものはこの3種。

★
ドリス式
きわめてシンプル。

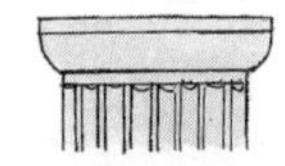

★★
イオニア式
おなじみのグルグル。

★
コリント式
アカンサス（アザミの一種）の葉がワサワサ。

最後に、こうした「様式建築」以降のデザイン潮流をざっくりおさらい。

★★★
ゴシック
とげとげの尖塔が並ぶ。

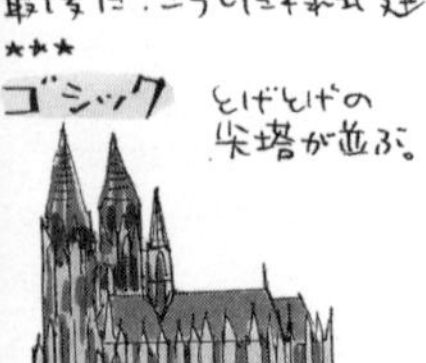

★★
アールヌーボー
植物のような自由曲線。

★★
アールデコ
直線と円弧による幾何学模様。

★★
ハーフティンバー
木材を外に見せてデザインする北ヨーロッパの手法。アールヌーボーやアールデコとなじみが良く、注目される。

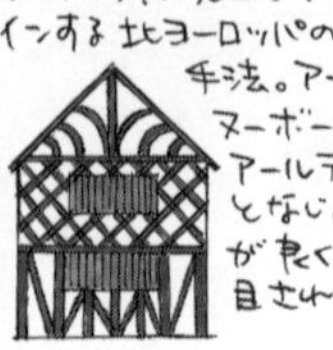

★★★
モダニズム
装飾よりも機能重視のすっきりデザイン。

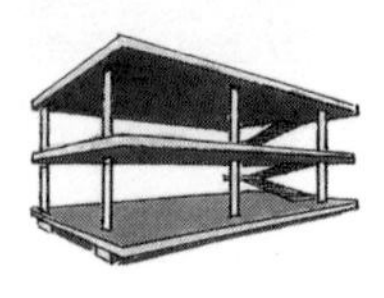

★★
ポストモダニズム
やっぱり装飾も大事でしょ的な「様式」リバイバル。

おおっ
すごい！

日本建築史年表

年表制作 村優理香／監修 伏見唯

A.D.1　B.C.1　B.C.5000

縄文・弥生

北海道	
東北	◉ 三内丸山遺跡 縄文前期～中期（東P106） ◉ 大湯環状列石 縄文後期（東P108）
関東	
中部	◎ 登呂遺跡 弥生後期
京都・滋賀	
奈良・大阪・兵庫・和歌山	
中国	
四国・九州・沖縄	◉ 吉野ケ里遺跡 弥生前期～後期（西P154） ◎ 上野原遺跡 縄文早期～
世界の名建築	◎ パルテノン神殿 B.C.447～432、ギリシャ ◎ 大ピラミッド（クフ王） B.C.2550ごろ、エジプト ◎ パンテオン 118～125、イタリア

1000

飛鳥・奈良

●：本書掲載
「東」は東日本編、
「西」は西日本編に掲載
◎：本書未掲載
※近現代に移築された建物は、
移築前の推定位置にプロットした。

神社建築の起源
● 伊勢神宮
(東P150)

仏教伝来

● 東大寺
8世紀創建（西P90）

● 唐招提寺
759創建（西P82）

● 法隆寺
607創建（西P72）

● 妙楽寺（談山神社）
678創建（西P80）

神社建築の起源
● 出雲大社
(西P112)

◎ ハギア・ソフィア
532～537年ごろ、トルコ

鎌倉	平安	
		北海道
	浄土教建築 ● 中尊寺金色堂 1124（東P116） ◎ 白水阿弥陀堂 1160 平泉文化	東北
禅宗様 鎌倉五山	◎ 鶴岡八幡宮 1063 創建	関東
● 安楽寺八角三重塔 鎌倉後期（東P158）		中部
◎ 三十三間堂 1266 密教建築 ● 石山寺多宝塔 1194（西P22）	浄土教建築 ● 平等院鳳凰堂 1053（西P14）	京都・滋賀
大仏様 ● 東大寺南大門 1199（西P90） ● 浄土寺浄土堂 1192（西P98）		奈良・大阪・兵庫・和歌山
● 厳島神社 12世紀（海上社殿） （西P128）	山岳信仰 ● 三仏寺投入堂 平安後期（西P120）	中国
● 今帰仁城 13世紀（西P162）	◎ 富貴寺大堂 平安後期	四国・九州・沖縄
◎ シャルトル大聖堂 1194～1225頃、フランス	◎ ピサ大聖堂 1063～1272、イタリア ◎ アンコール・ワット 12世紀前半、カンボジア	世界の名建築

1500

室町

アイヌ文化

◎ 正福寺地蔵堂
1407

● 円覚寺舎利殿
室町中期 (東P50)

書院造

◎ 慈照寺東求堂
1486

● 龍安寺石庭
室町後期 (西P32)

● 慈照寺銀閣
1489 (西P24)

京都五山

折衷様

◎ 観心寺金堂
1360

◎ 鶴林寺本堂
1397

● 談山神社十三重塔
1532 (西P80)

● 吉備津神社本殿
1425 (西P136)

琉球文化

◎ ベレンの塔
1515 ~ 1521、ポルトガル

◎ アルハンブラ宮殿
13 ~ 14 世紀、スペイン

◎ 天壇
1420 ごろ、中国

1600

安土桃山

北海道

蝦夷地の開拓

東北

◎ 瑞巌寺本堂
1609

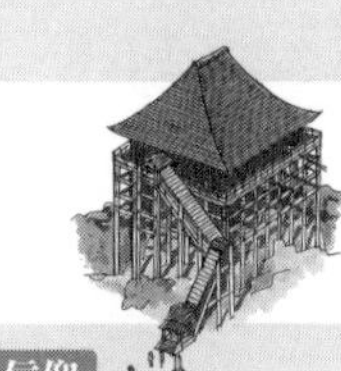

関東

桃山文化

● 日光東照宮
1617 創建
（東P58）

観音信仰

● 笠森寺観音堂
1597（東P56）

中部

● 犬山城
1601（東P168）

● 松本城
1593（東P160）

京都・滋賀

観音信仰

● 清水寺本堂
1633（西P52）

● 三溪園聴秋閣
1623（東P52）

◎ 三溪園臨春閣
1649

● 如庵
1618 頃（東P170）

● 桂離宮
1615～1662 頃
（西P42）

草庵茶室

● 待庵
桃山（西P40）

奈良・大阪・兵庫・和歌山

数寄屋風書院

● 姫路城
1608（西P106）

中国

● 閑谷学校
1670 創建（西P144）

四国・九州・沖縄

● 熊本城
宇土櫓
1607（西P164）

世界の名建築

◎ ヴェルサイユ宮殿
1661～1710、フランス

◎ タージ・マハル
1632～1653、インド

◎ ブルー・モスク
1609～1617、トルコ

◎ ヴィラ・ラ・ロトンダ
1567～1570、イタリア

◎ 聖ワシリイ大聖堂
1555～1561、ロシア

1800 1700

江戸

◉ 会津さざえ堂
1796（東P124）

◉ 成田山新勝寺三重塔
1712（東P54）

◎ 善光寺本堂
1707

◉ 伏見稲荷大社
千本鳥居
江戸（西P60）

◉ 東大寺大仏殿
1705（西P90）

◎ 平川家住宅
江戸後期

◉ 中村家住宅
江戸後期（西P166）

◎ モンティチェロ
1769～1809、
アメリカ合衆国

◎ サンスーシ宮殿
1745～47、ドイツ

江戸

北海道

◉ 手宮機関車庫
1885 (東P84)

◉ 五稜郭
1864 (東P76)

東北

◉ 済生館本館
1878 (東P132)

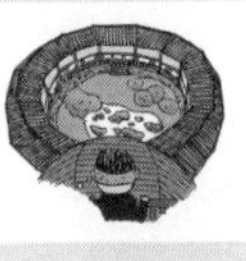

◎ 千葉家住宅
江戸末期

関東

◉ 富岡製糸場 1872 (東P66)
◉ 岩崎久彌邸 1896 頃 (東P42)
◉ 日本銀行本店 1896 頃 (東P24)

中部

◉ 開智学校
1876 (東P188)

◉ 岡太神社・大滝神社下宮
1843 (東P186)

◉ 白川郷の合掌造集落
江戸末期～ (東P178)

京都・滋賀

◉ 京都国立博物館
1895 (西P62)

奈良・大阪・兵庫・和歌山

中国

四国・九州・沖縄

◉ 金毘羅大芝居(金丸座)
1835 (西P174)

◉ 道後温泉本館
1894 (西P184)

◉ グラバー住宅
1863 (西P182)

世界の名建築

◎ サグラダ・ファミリア
1883～、スペイン

◎ 英国国会議事堂
1840～1870 ごろ、イギリス

◎ エッフェル塔
1889、フランス

◎ クリスタル・パレス (水晶宮)
1851、イギリス

1900

明治

● 網走刑務所五翼放射状平屋舎房
1912（東P96）

● 日本銀行小樽支店 1912（東P92）

● 函館区公会堂 1912（東P94）

● 斜陽館
1907（東P140）

● 東京駅
1914（東P14）

● 赤坂離宮
1909（東P32）

西洋化&近代化

● 六華苑
1913（東P190）

● 浜寺公園駅
1907（西P108）

● 松本家住宅
1910（西P192）

◎ バウハウス・デッサウ校舎
1926、ドイツ

◎ クライスラービル
1930、アメリカ合衆国

あとがき1
時代を超えた思考実験

日本各地の名作建築をひと通り見て回ろう。そんな構想をもとに、建築ライターの磯と編集者兼イラストレーターの宮沢がコンビを組んで、日経BP発行の建築専門誌「日経アーキテクチュア」に連載を続けているのが〈建築巡礼〉のシリーズである。本書の前に、『昭和モダン建築巡礼西日本編』『昭和モダン建築巡礼東日本編』『ポストモダン建築巡礼』『菊竹清訓巡礼』の4冊を上梓している（いずれも日経ＢＰ刊）。

最初の〈昭和モダン建築編〉では、戦後復興期から高度経済成長期までの時代（１９４５〜75年）に建てられた建物を取り上げ、次の〈ポストモダン建築編〉では、その後の20年間（１９７５〜95年）に建てられた建築を見て回った。時代ごとに区分するシリーズで、さらにその後となると、現在に追いついてしまう。「さあ、どうしよう?」。話し合いの結果、出た結論は過去へと遡ることだった。そうして取材した成果をまとめたのが本書、『絶品・日本の歴史建築』である。

＊＊＊

不安もあった。現代建築についてなら、それなりに取材してきた経験がある。ところが古建築に関しては、大学で建築史を専攻していたわけでもなく、知識の持ち合わせが乏しい。果たしてうまく、書けるかどうか。

取材を始めてみると、とても楽しく進めることができた。古代から中世、近世、近代と、ほぼ順を追って建物を巡ったのだが、短期間のうちに大量に見ることによって、日本建築において時代とともにデザインが変わっていったところと、変わらないままでいるところが、それぞれくっきりと見えてくる。なるほど、これが建築史の醍醐味か、と実感した。

ただし本書に記した建築の見方には、建築史の研究から広く認められている解釈とは異なるものが多く混じっている。通説とは区別できるよう、配慮して書いたつもりだが、そこのところは注意してほしい。

しかし、古代の神社と現代建築を仮想の線で結んだり、茶室の名作とメタボリズムの建築を並べて考えてみたりと、「こうだったら面白い」と想像を拡げることが建築鑑賞の楽しさにつながるわけで、どんどんやった方がいいのである（もちろん、きちんとした学問の成果を尊重することを忘れてはならないが）。

＊＊＊

思い起こしてみれば、１９５０年代の日本建築界には伝統論争というのがあった。現代の建築が参照すべきは弥生時代か縄文時代か、などというテーマについて、丹下健三や白井晟一といった当時の有力建築家たちが交わした議論である。これが盛り上がったのは、過去の建築を題材にして現代建築を評したり、あるいは逆に現代建築を元にして過去の建築を考えたりという、時代を超えた思考実験が当人たちにとってものすごく楽しかったからだろう。

そんな建築の楽しみ方を、現在に受け継ごうとしたのが、この本であるといってもいいかもしれない。読者の皆さんにも、その楽しさを共有してもらえればうれしい。

さあ出かけよう。歴史建築への旅へ。

２０１４年11月

磯 達雄〔建築ライター〕

あとがき2

ネット時代の新たな楽しみ

近年、若者の旅行離れが進んでいるという話をよく耳にする。インターネットの一般化によって、国内でも海外でもこれだけ手軽に情報が得られるようになると、わざわざ足を運ばなくてもそこに行った気分になれる——そんな気持ちになるのも分からなくはない。

それでも、名の知れた歴史建築にはやはり、実物からしか得られないインパクトがある。その場所にたどり着くまでの道のりにも歴史的なドラマがあり、その建物を目の前にすれば、実物の大きさや、逆に小ささ、手触りや臭い、日差しや湿気など、インターネットで切り取られた情報からは想像できない「予想外の体験」に満ちあふれている。

本書で取り上げた東日本の30件は、数ある歴史建築のなかでも、「行ってみないとその良さが分からない」と感じたものを取り上げてきたわけだが、ここでは取材後記代わりに、筆者（宮沢）が良い意味で裏切られた仰天歴史建築ベスト5を挙げてみた（２１３ページ）。

＊＊＊

この原稿の書き出しがインターネット批判のように聞こえたかもしれないが、そうではない。インターネットはそうした「予想外の体験」を裏付ける様々な情報を与えてくれる。我々2人も、インターネットのない時代だったら、参考文献を探すことすらできなかっただろう。そういう意味で、今の時代は、素人が歴史建築を「それぞれの方法」で面白がれる時代だ。

1人でも多くの人が、本書をきっかけに、旅行の楽しさを再発見してくれることを願っている。

宮沢 洋〔日経アーキテクチュア副編集長（当時）〕

2014年11月

仰天 歴史建築ベスト5〈東日本編〉● 宮沢選

1 会津さざえ堂（福島県会津若松市、P124）

2重らせんで上りと下りが交わらない――そんな予備知識を持って訪れたとしても、この建物にはグッと来る。特に、床面のひねり具合が想像を超えている。このねじれ空間は写真ではなかなか分からないだろう。木材でこんな3次元曲面をつくるのは相当に無理がある。今も観光客を受け入れながらも、200年以上もっているのがすごい。

2 岡太神社・大瀧神社（福井県越前市、P186）

ある雑誌の日本建築特集に、ぐねぐねした屋根の写真が載っていて、「なんじゃこりゃ」と思って福井まではるばる見に行ったら、予想を上回るぐねぐね感だった。訪れたのが雨上がりだったこともあり、そのぐねぐね屋根に、木々の間から神々しいまでの光が差し、建物というより生物にしか見えなかった。天気の神様にも感謝。

3 迎賓館赤坂離宮（東京都港区、P32）

陽明門（日光東照宮）のデザイン密度を保ちながら、数百倍の面積をつくったような建物である。いったいどれだけ図面を描くとこの建物ができるのか……。敷地内に入らずとも、正門を見ればそのとんでもなさは想像がつくだろう。この妥協なき建築を設計した片山東熊が、明治天皇に「ぜいたく」と拒絶されたときの気持ちを想像してみてほしい。

4 白川郷の合掌集落（岐阜県白川村、P178）

合掌造りの建物もすごいが、町を挙げての保存の姿勢に心を打たれる。イラストにも描いたように、まるで「風の谷」。景観に違和感を与えるロードサイドショップやパチンコ屋などは全くない。しかも、多くの保存建物は、単なる展示物ではなく、今も使われている現役。旅館になっているものもあり、我々2人も合掌旅館に泊まった。

5 斜陽館（青森県五所川原市、P140）

太宰治の生家？　太宰は昔読んだけど、今の自分には関係ないかな、くらいに思って訪れたのだが、これが衝撃的建築だった。特に衝撃なのが、その廊下。コッテリ洋風のデザインで固められた廊下が、アーチ状の部分を抜けると突然、和風に切り替わる。太宰少年への精神的影響を考えずにはいられない。太宰ファンだけのものにしておくのはもったいない、必見建築。

本書は、２０１４年に日経ＢＰ社より刊行された『旅行が楽しくなる日本遺産巡礼　東日本30選』を一部内容を更新し編集したものです。

磯 達雄 いそ・たつお

1963年生まれ。88年名古屋大学工学部建築学科卒業、日経BP入社、『日経アーキテクチュア』編集部に配属。2002年編集事務所フリックスタジオ、20年Office Bunga 共同主宰。桑沢デザイン研究所・武蔵野美術大学非常勤講師。宮沢洋との共著に『昭和モダン建築巡礼』『ポストモダン建築巡礼』等。

宮沢 洋 みやざわ・ひろし

1967年生まれ。90年早稲田大学政治経済学部政治学科卒業、日経BP入社、『日経アーキテクチュア』編集部に配属。2016~19年同誌編集長。20年に独立し磯達雄とOffice Bungaを共同主宰。

日経プレミアシリーズ 457

絶品・日本の歴史建築［東日本編］

二〇二一年三月八日 一刷

著者 磯 達雄 宮沢 洋
編者 日経アーキテクチュア
発行者 白石 賢
発行 日経BP
日本経済新聞出版本部
発売 日経BPマーケティング
〒一〇五―八三〇八
東京都港区虎ノ門四―三―一二
装幀 ベターデイズ
組版 マーリンクレイン
印刷・製本 凸版印刷株式会社

ISBN 978-4-532-26457-4 Printed in Japan

日経プレミアシリーズ450

新型コロナとワクチン 知らないと不都合な真実

峰 宗太郎・山中浩之

ワイドショーやネットには理解不足や誤解に基づく様々な新型コロナの情報があふれている。「知らないと不都合な」ウイルス、ワクチンの知識に絞り、ウイルス免疫学の専門家と素人の対話を通して、自分の頭で考える手がかりを提供する。新型コロナを冷静に、淡々と迎え撃とう。

日経プレミアシリーズ451

残念な介護　楽になる介護

井戸美枝

介護でよくある失敗をストーリー形式で紹介し、周囲と協力しながら介護を楽にする解決策を明らかに。在宅介護を可能にするさまざまなサービス、費用負担を軽減するノウハウ、介護離職を防ぐ休業制度、困ったときの相談先など、便利な公的制度やサービスの活用方法を具体的に解説します。

日経プレミアシリーズ448

パンデミックvs.江戸幕府

鈴木浩三

人口過密な大都市江戸でのパンデミック発生は、多くの人命を奪い、経済を停滞させる。「緊急事態」に江戸幕府はどう対応したのか？困窮者への銭や米の直接給付、問屋を通じた経済活性化から、将軍のお世継ぎを守る方法まで、現代にも通じる手法の数々を紹介。

日経プレミアシリーズ447

文系・理系対談 日本のタコ壺社会

相原博昭・奥原正明

このままで日本は本当に大丈夫なのか、必要な改革がなかなか進まない原因はどこにあるのか、我々が皆、自身の属する閉鎖的な組織（タコ壺）にどっぷりつかり、内輪のルールや「空気」に従うのが当然だと思っていることに原因があるのではないか――。文系・理系の無意味な「区別」への疑問を端緒に、タテ割りを排し、既得権に切り込み、現状を打開するための方策を考える対談集。

日経プレミアシリーズ445

伊勢物語 在原業平 恋と誠

高樹のぶ子

平安の歌人・在原業平の一代記を日本で初めて小説化した作家が、政から遠ざかり「みやび」に生きた高貴な血筋の男の人間力を、数々の女性との恋や、男たちとの垣根を越えた交誼から解き明かしていく。思うにまかせぬことをも愉しみながら生き抜いた業平の生涯は、時代の転換期を生きる私たちに多くの気づきを与えてくれる。

日経プレミアシリーズ449

若者たちのニューノーマル

牛窪 恵

つながり重視だけど、「密」はイヤ。なりたい職業がないから「起業」。あこがれるのは「一体感」と「昭和の家族」。コロナ禍の若者たちは日々をどう過ごし、何を消費し、将来をどう考えているのか？　親父と息子の入れ替わり物語と、キーワードで読み解く、Z世代の素顔。

日経プレミアシリーズ 439

新型コロナ　収束への道

花村　遼・田原健太朗

コロナ収束までのメインシナリオは「2年から3年」――。新型コロナとは、そもそもどんなウイルスなのか？　なぜ普通の風邪が重症化するのか？　治療薬・ワクチンは、いつどのような形で普及するのか？　コロナ後の社会、人々の価値観は？　最新エビデンスをもとに、医療・ヘルスケア、経済社会の近未来シナリオを描く。

日経プレミアシリーズ 443

さよならオフィス

島津　翔

オフィスの存在意義が揺らいでいる。働き方が新型コロナで一変し、「オフィス不要論」も飛び出した。ジョブ型って何？　在宅勤務の労務管理どうしてる？　テレワークって続くの？　専門記者が徹底取材。10の疑問に答えながら「働き方ニューノーマル」を解き明かす。さよならオフィス――。あなたはどこで働きますか？

日経プレミアシリーズ 438

地形と日本人

金田章裕

私たちは、自然の地形を生かし、改変しながら暮らしてきた。近年頻発する自然災害は、単に地球温暖化や異常気象だけでは説明できない。防災・減災の観点からも、日本人の土地とのつき合い方に学ぶ必要がある。歴史地理学者が、知られざるエピソードとともに紹介する、大災害時代の教養書。

日経プレミアシリーズ440

ダイヤモンド　欲望の世界史

玉木俊明

ダイヤモンドは欲望の代名詞。人々はなぜこの炭素物質に魅了されるのか？　古代ギリシャ、大航海時代から覇者デビアスの誕生・凋落、紛争ダイヤ、合成ダイヤまで、人々の欲望をめぐって成長してきたダイヤモンドビジネスの謀略にまみれた知られざる歴史を追う。

日経プレミアシリーズ442

肺炎を正しく恐れる

大谷義夫

新型コロナウイルスは社会の姿を一変させた。この状況で重要なのは、この感染症を正しく理解し、正しく恐れること。新型コロナの肺炎は、これまでとは何が違うのか。なぜ一気に悪化するのか。家庭内感染を防ぐには？　ワクチン・治療薬は？　最前線で闘う呼吸器内科医が解説する。

日経プレミアシリーズ435

遊遊漢字学　中国には「鰯」がない

阿辻哲次

中国から受容した漢字から、ひらがなとカタカナを作り、それらをまじえて表記してきた日本の書き言葉。日本における漢字は表意文字である特性から独自の変化を遂げてきた。ふだん何気なく使っている文字や四字熟語から、漢字という便利な道具の奥深さが見えてくる。

日経プレミアシリーズ 420

お殿様の人事異動

安藤優一郎

お国替えという名の大名の異動が繰り返された江戸時代。御家騒動や世継断絶から、職務怠慢、色恋沙汰や酒席の狼藉まで、その理由は多岐にわたる。大名や家臣たちはその都度、多大な苦労を強いられ、費用負担などもただならぬものがあった。将軍が大名に行使した国替えという人事権、幕府要職者にまつわる人事異動の泣き笑いを通して読み解く歴史ノンフィクション。

日経プレミアシリーズ 421

「春秋」うちあけ話

大島三緒

見出しも署名もない日経朝刊1面コラムは、社説のファミリーで批評精神が命。大上段に振りかぶらず、読者の目を引きやすい導入で、イキのいいネタを手早く――。この550字のコラムが生まれるまでを、執筆したコラムを引きながら、日々の呻吟ぶりとともに明かします。実践的な文章術の本としてもおすすめです。

日経プレミアシリーズ 427

名古屋のトリセツ

日本経済新聞社

世界のトヨタを擁し県民所得は全国2位。若者や外国人も多い。日本の真ん中でアクセス良好。史跡も豊富。なのに「魅力が薄い」と一部で囁かれる……。そんな名古屋と愛知県の魅力を記者がデータで分析。「なぜ料理がみそ仕立てなのか」「大都市なのに家が広い理由」「公立高校2回受験の独自ルール」等、食文化から地域経済まで、知らなかった名古屋の姿が見えてくる。

日経プレミアシリーズ441

ひきこもりは〝金の卵〟

柏木理佳

ひきこもり現象をネガティブに捉える必要はない。在宅ワークが定着、自らやりたいことを見つけ、明るく生きていける時代になったのだ。様々な世界で活躍する元ひきこもりたちを取材、生き方・考え方から経済効果まで、新しいライフスタイルとその先に拡がる大きな可能性を描く。

日経プレミアシリーズ437

60歳からでもシングルになれるゴルフ運動学

川合武司著　文・構成＝本條　強

胸の筋肉を使った飛ばしのスイング、腰を速く回して「角速度」を上げる、「足裏感覚」を鍛えてあらゆる斜面に対応――。体力や筋力が落ちてショットやスコアメイクに悩むゴルファーも、体が自然に動く運動学に則ったスイングを身につければ、60歳からでもシングル入りが可能です。80歳でも250ヤード飛ばす川合教授（健康科学）が、70台で上がれるゴルフ術をレッスンします。

日経プレミアシリーズ424

円相場の終わり

小栗　太

円相場が衰弱しつつある。コロナ・ショックは最後の打ち上げ花火にすぎない。金利が各国とも最低レベルにあり、超高速の自動発注システムが相場を支配する。このまま為替相場は終焉を迎えてしまうのか。四半世紀にわたって相場をみてきた日経のベテラン記者が、マネー経済の本質的な変化を伝える。

日経プレミアシリーズ405

東京のナゾ研究所

河尻　定

日本の首都はナゾだらけ。「台東区に男性が多い理由」「23区のスタバ空白地帯とは？」「なぜビルヂングが消えていくのか」……。素朴な疑問を日々追う日経記者が、意外な真実を研究発表。「えっ、そんなことが!?」の連続、話のネタ満載。読めば街を歩く視線が、きっと変わります。

日経プレミアシリーズ404

可動域を広げよ

齋藤　孝

長い人生、何をして過ごしますか？　日がな家でごろごろするか、次々とやりたいことが見つかるかは、あなたの心掛け次第。好きなものを書き出してみる。得意分野をじわり広げる。偶然の出会いを見逃さない――。〝痛気持ちいい〟を楽しむ、人生100年時代の生き方・学び方。

日経プレミアシリーズ399

激しく考え、やさしく語る

山折哲雄

米国で生まれ、開戦前に日本に帰り、東京、花巻、仙台へ。そして、平成と重なる30年間を京都で過ごす。故郷喪失者だと語る宗教学者は、寺に生まれて寺を継ぐことなく、その精神の軌跡も時代とともに様々な曲折を経てきた。独自の思想を育んできた来し方を見つめるまなざしは「ひとり」の哲学の、その先へ向かう。

日経プレミアシリーズ 425

ハーバードはなぜ日本の「基本」を大事にするのか

佐藤智恵

世界一「長寿企業」が多い日本には、企業が長く存続し、成長していくための知恵が蓄積されているという。イノベーションを起こし続ける仕組み、社会貢献を重んじる経営、人を大切にするリーダーシップ……。なぜ激動の時代の中で、ハーバードは日本企業がずっと大事にしてきた「基本」に注目しているのか。自らもMBAホルダーである著者がハーバードの白熱授業を徹底取材！

日経プレミアシリーズ 434

コロナショックと昭和おじさん社会

河合 薫

あっけなく失業する人々、途方にくれる自営業者、困窮するひとり親家庭、家をなくし彷徨う人、孤立する高齢者――コロナ感染拡大で起こった問題は、社会の中でたまっていたひずみが噴出したにすぎない。雇用や家族、人口構成のカタチが変わったにも関わらず昭和モデルをもとに動き続ける日本社会の問題点、そしてコロナ後に起こる大きな変化とは。「日経ビジネス電子版」人気連載を新書化。

日経プレミアシリーズ 412

伸びる子どもは○○がすごい

榎本博明

我慢することができない、すぐ感情的になる、優先順位が決められない、主張だけは強い……。今の新人に抱く違和感。そのルーツは子ども時代の過ごし方にあった。いま注目される「非認知能力」を取り上げ、想像力の豊かな心の折れない子を育てるためのヒントを示す一冊。